Thorsten Holzhauser, geb. 1985, Historiker. 2022 erschien *Demokratie, Nation, Belastung. Kollaboration und NS-Belastung als Nachkriegsdiskurs in Frankreich, Österreich und Westdeutschland.*
holzhauser@stiftung-heuss-haus.de

Norbert Reck, geb. 1961, freier Publizist und Theologe. 2021 erschien *Der Jude Jesus und die Zukunft des Christentums*; 2024 *Kein anderes Ufer. Die Erfindung der Homosexualität und ihre Folgen.*
norbert.reck@muenchen-mail.de

William Davies, geb. 1976, Publizist und Soziologe, Professor für Politische Theorie am Goldsmiths College in London. 2018 erschien *Nervous States. How Feeling Took Over the World.* – Der Text wurde im Original unter dem Titel *Antimarket* in der *London Review of Books* vom 4. April 2024 veröffentlicht.

Hanna Engelmeier, geb. 1983, Gastprofessorin im Studiengang Gesellschafts- und Wirtschaftskommunikation an der UdK Berlin. 2021 erschien *Trost. Vier Übungen.*
h.engelmeier@udk-berlin.de

Tobias Janz, geb. 1974, Professor für Musikwissenschaft an der Friedrich-Wilhelms-Universität Bonn, Mitherausgeber von *Musik & Ästhetik.* 2019 erschien *Decentering Musical Modernity* (Hrsg. zus. m. Chien-Chang Yang).
janz@uni-bonn.de

Christoph Paret, geb. 1985, Wissenschaftlicher Mitarbeiter am Institut für Philosophie der Universität Wien. 2023 erschien *Wer hat Angst vorm alten weißen Mann? Maren Ades Rendezvous mit Alain Badiou.*
christoph.paret@univie.ac.at

Jens Kastner, geb. 1970, Soziologe. 2019 erschien *Die Linke und die Kunst. Ein Überblick*; 2022 *Dekolonialistische Theorie aus Lateinamerika. Einführung und Kritik.*
www.jenspetzkastner.de

Valentin Groebner, geb. 1962, Professor für Geschichte mit Schwerpunkt Mittelalter und Renaissance an der Universität Luzern. 2023 erschien *Aufheben, Wegwerfen. Vom Umgang mit schönen Dingen*; 2024 *Gefühlskino. Die gute alte Zeit aus sicherer Entfernung.*
valentin.groebner@unilu.ch

Martin Hartmann, geb. 1968, Professor für Praktische Philosophie an der Universität Luzern. 2023 erschien *The Feeling of Inequality: On Empathy, Empathy Gulfs, and the Political Psychology of Democracy.*
Martin.Hartmann@unilu.ch

Thomas Schaefer, geb. 1959, freier Autor, Kritiker, Lektor und Korrekturleser. 2023 erschien *Guntram Vesper: Lichtspiele. Essays und Berichte* (Hrsg.).

Susanne Neuffer, geb. 1951, Autorin. 2019 erschien *Im Schuppen ein Mann*; 2022 *Sandstein. Zwei Novellen.*
www.susanne-neuffer.de

ZU DIESEM HEFT

Geschichten der Gruppe 47 wurden schon manche geschrieben. Nicht zuletzt ihr Begründer Hans Werner Richter hat sich mehrfach bemüht. Was dabei meist unter den Tisch fiel, waren viele Autorinnen. Sie waren, wiewohl immer in der Minderzahl, regelmäßig vertreten und kamen hinterher oft nicht mehr vor. Nicole Seifert hat nun – unter dem Titel *»Einige Herren sagten etwas dazu«* (ein Ingeborg-Bachmann-Zitat) – eine Geschichte der Autorinnen der Gruppe 47 verfasst, die fast mehr noch eine Geschichte der unerträglichen Misogynie von Autoren und Kritikern ist. Mit diesem Buch setzt sich Hanna Engelmeier in ihrer ersten Literaturkolumne auseinander – und hält das jüngste Werk von Frank Witzel daneben, *Meine Literaturgeschichte des 20. Jahrhunderts*, das die Frage nach dem Erinnern und dem Vergessen auf durchaus hinterhältige Weise zu stellen versucht. Engelmeier resümiert: »Witzel und Seifert geben die Frage auf, wen wir aus welchen Gründen lesen. Und: ›Was uns entgangen ist‹. Nicht auszudenken – bis man es tut.«

Noch grundsätzlicher problematisch geworden ist das Schreiben von Musikgeschichten. Im Jahr 2005 hatte der Musikwissenschaftler Richard Taruskin sein Opus magnum, die sechs Bände und 4000 Seiten umfassende *Oxford History of Western Music* abgeschlossen; 2012 startete Reinhard Strohm nach dem Gewinn des renommierten und hochdotierten Balzan Prize das vielbeachtete Balzan Musicology Project, das sich der globalen Geschichte der Musik widmet, dabei aber gerade die westliche Kunstmusik ausspart. Das ist der Ausgangspunkt von Tobias Janz' Überlegungen in seiner Kolumne, in der er der Frage nachgeht, ob eine Gesamtperspektive noch möglich sein kann – und welche Rolle und welche Bedeutung der westlichen Musik dabei bliebe.

CD/EK

Thorsten Holzhauser

Neue Normalisten

Das normale Volk ist wieder da. Wo man hinschaut, reden politisch Handelnde darüber, was »normal« ist und was die »normale Bevölkerung« denkt und fühlt. Die Riege der neuen Normalisten ist bunt: Sie reicht von Friedrich Merz und Jens Spahn über Hubert Aiwanger bis hin zu Sahra Wagenknecht und Alice Weidel. Sie alle erklären sich mit Nachdruck zu Repräsentanten der »normalen Leute«, sie alle wollen »das Volk abholen«, und zwar dort, wo sie es inhaltlich und rhetorisch vermuten. Dabei spielt keine große Rolle, dass kaum einer von ihnen als ganz normaler Bürger in diesem Sinn gelten kann. Während Aiwanger immerhin noch das Volkstümliche des bajuwarischen Landwirts ausstrahlt, passen der Millionär Merz, die promovierte Ex-Kommunistin Wagenknecht und die stets kühl wirkende Unternehmensberaterin Weidel kaum in eine solche Imagination von Volkstümlichkeit. Wichtiger für ihr Auftreten als die eigene Herkunft und soziale Stellung ist ihr gemeinsamer Anspruch, die Wünsche und Gefühle des »normalen Volks« besser als andere zu verstehen und zu garantieren, dass dessen politische Präferenzen zur obersten Richtschnur ihres politischen Handelns werden.

Nun ist die Ausrichtung auf das »Normale« – in Abgrenzung vom »Anormalen« – nicht neu, sondern kann mit Jürgen Link als zentrale Leit- und Ordnungskategorie moderner Gesellschaften gelten.[1] Auch die Tatsache, dass es bei politischem Handeln per definitionem um die Herstellung von Normen geht, ist ebenso unstrittig wie die, dass sich solche Normen in Demokratien grundsätzlich stärker an den Interessen der Mehrheit orientieren sollten als an denen der Minderheit. Der Normalismus in seiner aktuellen, populistischen Ausprägung geht darüber allerdings in doppelter Hinsicht hinaus: Er unterstellt nicht nur, das »normale Volk«, in dessen Namen er zu sprechen vorgibt, sei eine unproblematisch gegebene Größe. Er tut zugleich so, als handele es sich dabei um die maßgebliche Letztinstanz in Hinblick auf die Frage nach der Legitimität politischer Entscheidungen. Damit unterscheidet sich der neue Normalismus nicht nur von seinen historischen Vorläufern. Er tritt auch mit einem autoritären Anspruch auf, der nur durch

1 Vgl. Jürgen Link, *Versuch über den Normalismus. Wie Normalität produziert wird*. Göttingen: Vandenhoeck & Ruprecht 2006; ders., *Normalismus und Antagonismus in der Postmoderne. Krise, New Normal, Populismus*. Göttingen: Vandenhoeck & Ruprecht 2018; Friedemann Vogel, *Normalismus*. In: *Diskursmonitor* vom 5. Februar 2023 (diskursmonitor.de/glossar/normalismus/).

die gesellschaftliche Entwicklung der vergangenen Jahrzehnte verständlich wird – versteht er sich doch als Gegenbewegung zur Rettung des Normalen vor seiner Auflösung.

Normalismus in der Bundesrepublik

Politischer Normalismus spielte als Ordnungskonzept in der bundesrepublikanischen Geschichte schon immer eine Rolle. Als wichtige Instanz in dieser Hinsicht fungierten lange Zeit die großen »Volksparteien« – ein besonderes politisches Kulturgut der Bonner Republik. Mit ihrem breiten Integrationsanspruch bei gleichzeitiger Gravitation zur politischen Mitte waren sie immer auch Normalitätsproduzenten: Wie in den Volksparteien gedacht und geurteilt wurde, konstituierte in hohem Maße das, was als politisch normal und damit legitim angesehen wurde – in Abgrenzung zum Anormalen, das sich in der bundesdeutschen Demokratie typischerweise mit dem Begriff des Extremismus verband. Während Extremisten schon von der Wortbedeutung her nicht als normal gelten konnten, beanspruchten die Parteien der Mitte, indem sie sich so nannten, eine besondere Repräsentation für die Mitte des Volkes und ihre Bedürfnisse – ein Selbstverständnis, das bis heute nachwirkt.

Dieser populäre, tendenziell konservative Normalismus blieb in der bundesdeutschen Geschichte allerdings nicht frei von Spannungen. In der Studentenbewegung der sechziger und der neuen Linken der siebziger Jahre bekam das Normale »Mundgeruch«, wie es Hans Magnus Enzensberger später ausdrückte.[2] Viele Sitten und Denkweisen der »normalen« Bevölkerung, die bis dahin auch den Wertehorizont der Volksparteien geprägt hatten, vom sonntäglichen Kirchgang bis zur bürgerlichen Ehe, galten Teilen der jungen Generation als »klein-« und »spießbürgerlich« und als repressiv. Zugleich nahm der Anteil jener Bevölkerungsgruppen zu, die eben nicht mehr die gedachten und gelebten Normalitäten der Nachkriegszeit von deutscher Herkunft, bürgerlicher Kernfamilie, stabiler Ehe und industriell-fordistischer Normalarbeit repräsentierten.

Aus der »transnormalistischen« (Jürgen Link) Infragestellung des Normalen entwickelte sich ein neues, flexibleres Normalitätsregime: Homosexualität und vorehelicher Sex wurden »normaler«, während gewisse kirchliche Normen wie das Zölibat oder das Verbot von Präservativen in

2 Hans Magnus Enzensberger, *Verteidigung der Normalität*. In: *Zeit* vom 28. Mai 1982.

der hegemonialen Kultur als immer weniger normal empfunden wurden. Gegen diesen Wertewandel, der einigen als Wertverlust vorkam,[3] stemmten sich in den 1980er Jahren vor allem die Unionsparteien und ihr Umfeld. Die von ihnen ausgerufene »Wende« war auch der Versuch, traditionelle Normalitätsvorstellungen zu re-etablieren. Je weniger das »normale Volk« noch als homogene Gruppe greifbar war, desto demonstrativer wurde der bürgerliche Normalismus betont.

Daran änderte die deutsche Vereinigung zunächst wenig. Während das Feuilleton in den neunziger Jahren Debatten über das Ende deutscher Sonderwege und die Rückkehr in das Konzert »normaler« Nationen führte, wurden etablierte Normalitätsvorstellungen nach innen gestärkt. Auf der einen Seite sollten aus den anders gearteten Ostdeutschen ganz normale Bundesbürger nach westlicher Lesart werden, auf der anderen Seite florierten in Ostdeutschland eigene Identitätsbildungen, für die das Bekenntnis eine zentrale Rolle spielte, zu den »ganz normalen Leuten« zu zählen.[4]

Die deutsche Vereinigungsgesellschaft wiederum grenzte ihre neugewonnene nationale Normalität gegen Nichtvolkszugehörige ab.[5] In den Asyldebatten der frühen neunziger Jahre musste das »Volksempfinden« des latent xenophob gedachten Durchschnittsbürgers als Maßstab für politisches Handeln herhalten. Rechte Mobs in Springerstiefeln wurden mehrheitlich als Abweichung von der Normalität empfunden. Dass sich aber auch das »normale« Deutschland vor Überforderung und Überfremdung fürchtete, wurde zur gefühlten Wahrheit und sodann zum archimedischen Punkt des politischen Diskurses, der schließlich zum »Asylkompromiss« von 1993 führte. Dieser wurde prominent und wiederholt mit den Forderungen begründet, die »ganz normale Menschen wie Sie und ich« an die Politik herantrugen, wie es der Abgeordnete Wolfgang Ehlers in der entscheidenden Bundestagsdebatte ausdrückte.[6] Um deren »Ängsten

3 Vgl. Bernhard Dietz u.a. (Hrsg.), *Gab es den Wertewandel? Neue Forschungen zum gesellschaftlich-kulturellen Wandel seit den 1960er Jahren*. Berlin: de Gruyter 2014; Bernhard Dietz / Jörg Neuheiser (Hrsg.), *Wertewandel in der Wirtschaft und Arbeitswelt. Arbeit, Leistung und Führung in den 1970er und 1980er Jahren in der Bundesrepublik Deutschland*. Berlin: de Gruyter 2016.

4 Vgl. Steffen Mau, *Lütten Klein. Leben in der ostdeutschen Transformationsgesellschaft*. Berlin: Suhrkamp 2019.

5 Vgl. Claudia Gatzka, *Demos deluxe? »Das Volk« der Bundesrepublik vor und nach 1989/90*. In: Marcus Böick u.a. (Hrsg.), *Jahrbuch Deutsche Einheit 2022*. Berlin: Ch. Links 2022.

6 Deutscher Bundestag, Plenarprotokolle, 12. Wahlperiode, 160. Sitzung (26. Mai 1993).

und Sorgen« zu entsprechen, schränkten Union, FDP und SPD die Rechte der nichtnormalen Bevölkerungsteile ein, namentlich jener, die um Asyl baten.

Transnormalismus

So sehr also das »normale Volk« mit seinen Denkweisen im Zentrum politischer Überlegungen blieb, so sehr wuchsen im vereinten Deutschland doch die Zweifel, ob dieses Begriffspaar im 21. Jahrhundert noch eine Zukunft haben könnte. Mit dem Antritt der rot-grünen Regierung Schröder im Jahr 1998, vom neuen Kanzler selbst als »Ausdruck demokratischer Normalität« apostrophiert,[7] erlebte die publizistische Debatte über die »neue Normalität« der Berliner Republik einen Höhepunkt – zumal die neue Koalition mit ihrem Staatsbürgerschaftsgesetz und ihrem Zuwanderungsgesetz als überholt empfundene Vorstellungen davon, was das deutsche Volk definiert, herausforderte und zu reformieren bereit war.

Mit den Gesetzen änderten sich auch die Begriffe. Das Konzeptkunstwerk *Der Bevölkerung*, das Hans Haacke im Jahr 2000 im nördlichen Lichthof des renovierten Berliner Reichstagsgebäudes als bewussten Kontrapunkt zu dessen Giebelinschrift »Dem deutschen Volke« installieren ließ, löste noch hitzige öffentliche Kontroversen aus. Tatsache ist aber auch, dass politische Wahlkämpfe in Deutschland in der Folge kaum mehr mit dem Appell an das normale Volk gewonnen wurden. Stattdessen bemühten sich Politikerinnen im 21. Jahrhundert – von Angela Merkel bis zu Malu Dreyer – um »die Menschen« im Land, wie auch immer diese aussahen, dachten oder fühlten. Aus »Volksparteien« wurden, wenn man so will, »Bevölkerungsparteien«.

Den von Haacke in Kunst gegossenen und von politisch Handelnden nachvollzogenen Sprach- und Normwandel im frühen 21. Jahrhundert konnte die Geschichtswissenschaft bisher nur in Teilen greifen. Einen Interpretationsansatz hat der Historiker Andreas Rödder mit seiner These einer »Kultur der Inklusion« vorgelegt. Darunter versteht Rödder eine politische Norm der Vielfalt, die er als Kulminationspunkt postmoderner Entwicklungen deutet: Mit der »Zerschlagung der Gewissheit« habe die Postmoderne seit den 1970er Jahren zunächst autoritative Ordnungs- und Normalitätsvorstellungen dekonstruiert und an ihre Stelle die zunehmende

7 Gerhard Schröder, *Regierungserklärung vom 10. November 1998*. In: Karl-Rudolf Korte (Hrsg.), *Das Wort hat der Herr Bundeskanzler. Eine Analyse der Großen Regierungserklärungen von Adenauer bis Schröder*. Wiesbaden: Springer VS 2002.

Anerkennung von Pluralität und Diversität gesetzt.[8] Was als Liberalisierung und Pluralisierung erscheint, ist zugleich ein Prozess der Renormierung: »Diversität ist zu einer normativen Ganzheitsvorstellung geworden«, die wiederum auf Integration und Inklusion pocht.[9]

Das Kennzeichnende an dieser neuen Ganzheitsvorstellung war ihre demonstrative »transnormalistische« Kritik am Normalitätsbegriff selbst. Dessen ausgrenzende Wirkungen wurden stärker denn je thematisiert, auch mehr als um und nach 1968. So wurde – und wird – im 21. Jahrhundert in der praktischen Pädagogik die Ausrichtung an einem etablierten Normschüler, nach einer langen Vorgeschichte, kritisch hinterfragt zugunsten differenzierender und inkludierender Ansätze. Statt Lerngruppen nach »normalen« und »behinderten« Kindern und Jugendlichen zu sortieren oder nach Norm- und Sonderschulen zu unterscheiden, sollten junge Menschen gemeinsam erzogen werden. Innerhalb der Lerngruppen wiederum sollte der Diversität durch Binnendifferenzierung entsprochen werden: so bunt die Gruppen, so unterschiedlich die Aufgaben und Methoden.

Aber auch weit über pädagogische Zusammenhänge hinaus wurde Normalität als Kategorie infrage gestellt. Mit dem Allgemeinen Gleichbehandlungsgesetz des Jahres 2006 sagte der Gesetzgeber Benachteiligungen aufgrund des Geschlechts, der sexuellen Identität, der ethnischen Herkunft, der Religion, Weltanschauung oder aufgrund von Behinderungen den Kampf an. Wer andere diskriminierte, weil sie nicht »normal« waren, konnte damit in gewissen Grenzen sanktioniert werden. Auch sexuelle Orientierung wurde immer mehr als Spektrum gedacht, in dem bewusst kein klarer Normalbereich mehr markiert wurde. Die Öffnung der gesetzlichen Ehe für gleichgeschlechtliche Partnerschaften in vielen Ländern der Welt war ein symbolisch wirksamer Erfolg der Emanzipationsbewegung über die hartnäckige Vorstellung, dass nur die heterosexuelle »Normal«-Beziehung eine staatliche Förderung verdiene.

Begleitet wurde diese Entwicklung durch eine sich verändernde Sprache in Politik, Medien und Gesellschaft. So sollte zum Beispiel das Sprechen über Behinderungen seines diskriminierenden Effekts beraubt werden, indem von »special needs« und von »Beeinträchtigungen« gesprochen wurde. Mit dem Begriff der »mental health issues« sollten Vorstellungen von psychischer Normalität und Anormalität infrage gestellt werden. Auch waren Formen der grafischen und verbalen Geschlechterdifferenzierung,

8 Zygmunt Bauman, *Postmoderne Ethik*. Übersetzt von Ulrich Bielefeld u. Edith Boxberger. Hamburger Edition 1995.

9 Andreas Rödder, *21.1. Eine kurze Geschichte der Gegenwart*. München: Beck 2023.

etwa das Binnen-I, dann der »Gender-Stern« oder der gesprochene Knacklaut, zwischen den 1990er Jahren und 2010er Jahren auf dem Vormarsch und drangen schließlich auch in etablierte Massenmedien wie den öffentlich-rechtlichen Rundfunk vor. Dahinter lag die Idee, dass eine primär am männlichen Geschlecht orientierte Sprache nicht nur eine patriarchal-hierarchische Norm widerspiegelt, sondern diese aufrechterhält und damit gesellschaftliche Ungleichheit der Chancen wie der Ergebnisse reproduziert.

Am weitesten ging die Infragestellung des als normal Gedachten in der Kulturindustrie. Mit dem Ziel, eine multikulturelle, multiethnische und multi-identitäre Gesellschaft zu repräsentieren, porträtierten Filmemacher und Kulturproduzentinnen in den USA und Europa nicht mehr nur die Schicksale junger weißer Heterosexueller, sondern nicht zuletzt die Herausforderungen von Heranwachsenden im Hinblick auf sexuelle und geschlechtliche Identitäten sowie ihren Kampf mit ethnischen Stereotypen. »Interracial couples« oder multikulturelle Paare wurden auf der großen Leinwand und noch mehr bei den großen Streaming-Diensten zur Selbstverständlichkeit, und Praktiken wie »colour-blind casting« oder »race-reversed casting« setzten bewusst auf die Irritation – und Entnormalisierung – alter Sehgewohnheiten.

Als sich der grüne Oberbürgermeister von Tübingen Boris Palmer 2019 lautstark über eine Werbekampagne der Deutschen Bahn echauffierte, weil die gleich mehrere nichtweiße Menschen abbildete, was seinem Bild von gesellschaftlicher Normalität widersprach, war diese Praxis auch in der deutschen Werbebranche längst Usus geworden: Mit der Darstellung einer »offenen und bunten Gesellschaft«, wie ein Sprecher der Bahn es nannte, zeigten Unternehmen nicht nur ihre gesellschaftspolitische Liberalität und Modernität an. Sie machten zugleich ihren Anspruch deutlich, eine in der Tat heterogene Gesellschaft in größerer Breite zu erfassen, nicht zuletzt als Konsumentinnen und Kunden.

Rückkehr des Normalen

Dass sich wesentliche Normalitätsvorstellungen in den vergangenen Jahrzehnten umfassend verändert haben, lässt sich auch empirisch belegen, wie zuletzt Steffen Mau, Thomas Lux und Linus Westheuser deutlich gemacht haben – etwa anhand von Einstellungsbefragungen zu nichtheterosexuellen Orientierungen oder zur gleichgeschlechtlichen Ehe. Die Infragestellung des Normalen hat dabei keineswegs, wie gern behauptet wird, zu einer eindeutigen Polarisierung der Gesellschaft geführt. Im Gegenteil sind aus ihr neue, meist liberalere Normalitätsvorstellungen entstanden, die von einem Großteil der Bevölkerung akzeptiert und mitvollzogen wurden. »Positive Diversitätsüberzeugungen und Bekenntnisse zur Gleichheit [...] werden breit geteilt und nur von Minderheiten infrage gestellt«.[10]

Was der Historiker Rödder als Kultur der Inklusion beschrieben hat und Soziologen wie Andreas Reckwitz und andere als Teilphänomen eines gesellschaftlichen Auseinanderdriftens analysieren,[11] erscheint vor dem Hintergrund der Link'schen Normalismus-Theorie als Übergangsprozess in eine »neue Normalität«. Dieser aber ist weder abgeschlossen noch schreitet er gleichmäßig voran oder hat ein klar definiertes Ende. Auch wenn größere Teile der Bevölkerung mitgehen, so hat der Prozess der Re-»Normalisierung« doch spürbaren Gegenwind erzeugt. Die Infragestellung alter Normalitäten wird von Teilen des politischen Diskurses als Zumutung und Entmündigung verstanden[12] – als Umerziehung der Normalen durch die Anormalen.

Zum radikalsten Vertreter dieser Behauptung wurde hierzulande die »Alternative für Deutschland«: Schon ihr erstes Wahlprogramm 2013 versah sie mit einer emphatisch-populistischen Rückbesinnung auf den Volksbegriff: »Das Volk soll den Willen der Parteien bestimmen, nicht umgekehrt.« Mit dem endgültigen Wandel zur völkisch-nationalistischen Rechtsaußen-Partei in den Folgejahren entdeckte die Partei neben dem Volks- auch den Normalitätsbegriff für sich: Zu »zeigen, dass wir normale Bürger sind«,[13] gehört mittlerweile zur politischen Strategie von AfD-Politikern. Mit dem Slogan »Deutschland. Aber normal« bestritt die Partei erfolgreich den Bundestagswahlkampf 2021 und trat dabei ihrer zunehmenden Markierung als extremistisch in der politischen Öffentlichkeit entgegen. Zugleich schaffte sie es mit ihrer Kampagne, den Zeitgeist der Corona-Jahre auf den Punkt zu bringen, in denen sich so viele nach einer »Rückkehr in die Normalität« sehnten. Wobei sich die Normalität, auf die sich die AfD beruft, stets in Abgrenzung vom dem definiert, was unausgesprochen als anormal figuriert:

10 Steffen Mau / Thomas Lux / Linus Westheuser, *Triggerpunkte. Konsens und Konflikt in der Gegenwartsgesellschaft*. Berlin: Suhrkamp 2023.

11 Vgl. Andreas Reckwitz, *Die Gesellschaft der Singularitäten. Zum Strukturwandel der Moderne*. Berlin: Suhrkamp 2017; ders., *Das Ende der Illusionen. Politik, Ökonomie und Kultur in der Spätmoderne*. Berlin: Suhrkamp 2019; vgl. Helmut Draxler, *Polarisierung und Ressentiment*. In: *Merkur*, Nr. 896, Januar 2024.

12 Vgl. Carolin Amlinger / Oliver Nachtwey, *Gekränkte Freiheit. Aspekte des libertären Autoritarismus*. Berlin: Suhrkamp 2022.

13 *AfD-Kandidat Thomas Bauer: »Zeigen, dass wir normale Bürger sind«*. In: *Augsburger Allgemeine Zeitung* vom 13. September 2023.

gesellschaftliche Minderheiten, Andersdenkende, Eliten – die anderen am unteren und am oberen Ende der Gesellschaft.[14]

Sahra Wagenknechts Normalitätsdiskurs

Mittlerweile ist der autoritär-populistische Normalitätsdiskurs aus der alternativ-rechten Domäne herausgewachsen, hat dabei aber auch Wandlungen und Differenzierungen erfahren. Zu einer zentralen Vertreterin – und Vordenkerin – des neuen Normalismus wurde in den vergangenen Jahren Sahra Wagenknecht. In ihrem 2021 veröffentlichten Buch *Die Selbstgerechten* rechnete sie nicht nur mit ihrer (damaligen) Partei ab. Vor allem unternahm sie eine Ehrenrettung traditioneller Normalitätsvorstellungen, die in ihrem Argumentationsgefüge stilbildend für den politischen Normalismus unserer Zeit ist: Mit dem doppelten Diktum von der »Norm als Befreiung« und der »Sicherheit durch Normalität« blickt Wagenknecht auf die Nachkriegsjahrzehnte als einer Zeit der Eindeutigkeit zurück. Die Normalbiografie machte das Leben planbar, das Normalarbeitsverhältnis sorgte für eine berechenbare Laufbahn, und die Normalfamilie bot Geborgenheit im Privaten. Das Aufbrechen dieser Normalitäten wiederum durch Liberalisierung und Wertewandel erzählt Wagenknecht als ökonomische, soziale – und kulturelle – Verlustgeschichte. »Orientierungen und Werte« seien ebenso verloren gegangen wie »Maß und Mitte«, so Wagenknecht.

Dabei geht Wagenknecht nicht nur mit dem »neoliberalen« Zeitgeist der 1980er und 1990er Jahre, sondern mehr noch mit den »linksliberalen« Großstadt-Akademikern und Weltoffenen ins Gericht. Denen sei das sicherheitsstiftende Normale zunehmend unattraktiv geworden. Der »Diversity-Rummel« habe einer »Heiligsprechung von Ungleichheit« das Wort geredet. Wagenknecht präsentiert sich damit als Kritikerin der transnormalistischen Inklusionskultur, die sie als anti-egalitär zu decouvrieren versucht. Und zugleich evoziert sie die Vorstellung einer – anormalen – Minderheit, die bei ihr automatisch und unterschiedslos als Bedrohung erscheint, sei es als »Minderheit der Reichen«, sei es als Menge der »immer kleineren und immer skurrileren Minderheiten« in der Gesellschaft. Deren Interessen und Identitäten werden als abnormale »Marotte« gekennzeichnet und zugleich zur Bedrohung für die traditionellen Normalbürger erklärt: »Wer nun

14 Claudia Liebelt, *Die AfD und ihr Normalitätsbegriff*. In: *taz* vom 30. Mai 2021 (taz.de/Die-AfD-und-ihr-Normalitaetsbegriff/!5771233/).

mal weiß und hetero ist«, habe im identitätspolitischen Wettbewerb das Nachsehen.[15]

Normalität als Inklusionsangebot

Mit diesen Positionen bewegt sich das, was Wagenknecht als »Linkskonservatismus« bezeichnet, auf einer Linie mit weiten Teilen des bürgerlich-konservativen Spektrums,[16] dessen maßgebliche Repräsentantinnen und Repräsentanten sich heute umso energischer als Anwälte des »normalen Volks« inszenieren. Nicht zuletzt die Führung der Bundes-CDU scheint unter Friedrich Merz darauf abzuzielen, den bedrohten Status der konservativen Volkspartei dadurch zu verteidigen, dass sie sich den Demos als Kollektiv konservativer Normalbürger vorstellt, dessen Ängste und Sorgen vor allzu viel kulturellem und politischem Wandel repräsentiert werden möchten. Wie die konservative »Wende« der 1980er Jahre den zeitgenössischen Wertewandel abzuwehren suchte, geht es auch heute darum, das als normal Verstandene zu bewahren, indem der gesellschaftliche Wandel der letzten Jahrzehnte – in Teilen zumindest – als anormal delegitimiert wird.

Die gleiche Strategie funktioniert aber auch für die Anführer kleinerer Parteien wie Hubert Aiwanger, der mit seinen Freien Wählern in Bayern ein ländliches und kleinstädtisches Milieu gegen die liberalen Großstadt-Eliten vertritt, so seine einfache wie durchschlagende Freund-Feind-Erzählung: die »ganz normale Bevölkerung«, die angeblich schweigende Mehrheit, gegen die Minderheit der unnormalen Großstädter, »Haubentaucher« und »Insektenfresser«, wie es Aiwanger ausdrückt.[17] »Das Volk abholen« nennt er das.[18]

Indem bürgerliche Politiker wie Aiwanger und Merz die diskursive Unterscheidung von normal und anormal wieder derart prominent in die politische Debatte »der Mitte« eingeführt haben, versuchen sie für ihre Wählerinnen und Wähler Ordnung in einer unübersichtlichen politischen Wirklichkeit zu schaffen. Ganz wie bei Wagenknecht ist auch ihr Normalitätsbegriff deswegen so attraktiv, weil er in seiner Unbestimmtheit als ideale Projektionsfläche dient: Wer will schon als unnormal gelten?

15 Sahra Wagenknecht, *Die Selbstgerechten. Mein Gegenprogramm – für Gemeinsinn und Zusammenhalt*. Frankfurt: Campus 2021.

16 Vgl. Thorsten Holzhauser, *Linkskonservativer Populismus*. In: *Merkur*, Nr. 888, Mai 2023

17 Zit. n. *Immer voll drauf*. In: *SZ* vom 23. Februar 2023.

18 Gerhard Matzig, *Chef Aiwanger bei Lanz. Der Mann, der das Volk abholen will*. In: *SZ* vom 5. Juli 2023.

Die Normalisten sprechen damit solche Bürgerinnen und Bürger an, die sich demonstrativ zu traditionellen Lebensweisen bekennen und sich gegen deren Infragestellung wehren: Steak-Essen, mit Gas heizen und Autofahren bleiben die Verhaltensweisen der gesellschaftlichen Mehrheit – und daher »normal«. Zum Teil werden auch neue Normalitäten erfunden, indem triviale Alltagshandlungen wie der Kauf von Weihnachtsbäumen oder die Frage, ob Männer nach dem Sport nackt oder in Badehose duschen, zum politischen Unterscheidungsmerkmal erklärt werden.

Zugleich wirkt der Normalismus aber auch auf jene, deren Zugehörigkeit zur Mehrheit infrage steht. Dass sich so unterschiedliche Politikerinnen und Politiker wie Jens Spahn und Alice Weidel fast im Gleichlaut zu ihrer Homosexualität bekennen, aber Zuschreibungen wie »queer« zurückweisen, ist nicht nur der Versuch, die gedachte Normalität der binären Geschlechterordnung gegen ihre Infragestellung zu verteidigen. Es handelt sich auch um ein Integrationsangebot an andere, die sich nicht als Teil einer gesellschaftlichen Minderheit fühlen möchten, sondern nach Zugehörigkeit zur Mehrheit streben: als Teil des ganz normalen Volks.

Diese Identitätspolitik des Normalen funktioniert freilich nicht nur in Bezug auf sexuelle Identitäten, sondern auch mit Blick auf politische Sichtweisen und Überzeugungen. Während sich die Teilnehmer an islam- und fremdenfeindlichen Demonstrationen seit Jahren als »ganz normale Bürger« bezeichnen,[19] sorgten sich Politiker wie Friedrich Merz während der Corona-Pandemie, dass bei den Protestwellen jener Zeit zunehmend auch Menschen mitmachten, »die bisher ein ganz normales Leben geführt haben«.[20] Kann man solche Äußerungen im Sinne des bundesdeutschen Anti-Extremismus als Mahnung lesen, dass »normale Bürger« bei solchen Veranstaltungen nichts zu suchen haben, so wurden sie von vielen gegenteilig verstanden: als Versicherung, dass sich die wütenden Bürgerinnen und Bürger getrost als Teil des normalen Volks fühlen können. Sie sind nicht allein – und damit nicht anormal.

Was den populistischen Normalismus von heute von der konservativen »Wende« der 1980er Jahre unterscheidet, ist seine Überhöhung des Populären. In der Bonner Republik war die Vorstellung vom normalen Volk ein-

19 Vgl. Hans Vorländer / Maik Herold / Steven Schäller, *Wer geht zu PEGIDA und warum? Eine empirische Untersuchung von PEGIDA-Demonstranten in Dresden*. In: *Schriften zur Verfassungs- und Demokratieforschung*, 1/2015.

20 Friedrich Merz, *Corona-Angstszenarien treiben immer mehr normale Bürger in den gewaltsamen Protest*. In: *Focus* vom 8. Januar 2022 (www.focus.de/politik/deutschland/mail-von-merz-corona-angstszenarien-treiben-immer-mehr-normale-buerger-in-den-gewaltsamen-protest_id_35884224.html).

gehegt von konservativen Vorbehalten gegenüber der Volksmasse. Wenn Franz Josef Strauß davon sprach, dem Volk aufs Maul schauen zu wollen, ihm aber nicht nach dem Mund zu reden, so untermauerte er damit zweierlei: zum einen die grundsätzlich normbildende Kompetenz »des Volkes« in der Demokratie, das als Souverän zu entscheiden hat. Zum anderen aber nahm der CSU-Chef eine unausgesprochene Qualifikation der normalen Leute als einer Art erweitertem Stammtisch vor. Deren oft vorurteilsbeladenen Aussagen wollte auch ein volkstümlicher Politiker wie Strauß in seinem Streben nach »Maß und Mitte« nicht einfach entsprechen. Man kann zu dieser Zeit eine Spannung zwischen Normalismus und konservativem Skeptizismus feststellen – die »Volksmeinung« wurde zwar als Richtschnur beschworen, blieb aber auch aus Sicht ihrer selbsternannten Repräsentanten potentiell gefährlich, oder mit Edmund Burke gesprochen: eine »furchtbare Kraft«.[21]

Nicht so der neue Normalismus. Er stellt die als Volksmeinung ausgegebenen Ängste und Vorurteile als per se legitim dar: Das funktioniert immer dann am besten, wenn sich Menschen als Teil einer diskriminierten Gruppe fühlen, wenn ihnen durch die Inklusionskultur der vergangenen Jahrzehnte kein Inklusionsangebot gemacht wurde: Wer seine reaktionären, vielleicht homophoben, transphoben und xenophoben, oft auch verschwörungstheoretischen oder wissenschaftsfeindlichen Positionen als tabuisiert oder politisch ungewollt wahrnimmt, reagiert umso emphatischer auf das Normalitätsangebot. Eben das ist auch der Kern der AfD-Kampagne, die ihren potentiellen Wählerinnen und Wählern Bestätigung verspricht: »Ihr seid nicht rechtsradikal – die anderen sind nur unnormal«, wie es unlängst der Politologe Gideon Botsch ausgedrückt hat.[22]

Normalismus und Transgression

Dass das Inklusionsangebot der Normalisten die Gefahr birgt, jene auszugrenzen, die in diesem Sinne nicht »normal« sind, ist genauso evident wie die Tatsache, dass es sich hier um eine Form des autoritären Populismus handelt. Das politische Feld wird in eine vermeintlich machtlose Wir-Gruppe und eine als Elite gekennzeichnete mächtige Minderheit geteilt, verbunden mit einem Alleinvertretungsanspruch: Die populistischen Normalisten bieten sich an als Alleinvertreter des Mehrheitswillens gegen all die

21 Edmund Burke, *Über die Französische Revolution. Betrachtungen und Abhandlungen*. Berlin: Akademie 1991.

22 *Wer sind eigentlich diese »normalen Leute«? Interview mit Gideon Botsch*. In: *SZ* vom 16. Juni 2023.

verrücktgewordenen Minderheiten, die kein Fleisch mehr essen, keinen Diesel mehr fahren und uns mit dem Gender-Stern auf die Nerven gehen wollen. Das gesellschaftlich Gefährliche liegt darin, dass gerade nicht zwischen starken Minderheiten und jenen unterschieden wird, die selbst bedroht sind. Geflüchtete, nichtweiße, trans Menschen oder auch Erwerbslose oder Wohnungslose sind noch immer nachweislich jene Bevölkerungsgruppen, die in hohem Maß physischen, materiellen und symbolischen Gefährdungen ausgesetzt sind. Sie zusätzlich, und zwar aufgrund ihres Minderheitenstatus, zur Bedrohung zu deklarieren, kehrt die realen Verhältnisse in wirklichkeitsverzerrender Weise um.

Zugleich bleibt der populistische Normalismus nicht dabei stehen, das »Normale« gegen seine Infragestellung zu verteidigen. In vielerlei Hinsicht erlaubt er auch seine Transgression. Das zeigt sich etwa in der Migrationspolitik: Ähnlich wie schon in den 1990er Jahren kümmern sich Politikerinnen und Politiker fast aller Parteien aktuell mit besonderer Verve um die Sorgen der »normalen« Bevölkerung vor zu viel Zuwanderung. Passenderweise sprechen sie nun von »irregulärer« Migration, die eben vom regulären, normalen Weg abweicht.

Im Schatten dieses normalistischen Arguments aber gehen die diskutierten Vorschläge über alles hinaus, was in der Migrationspolitik bisher als normal angesehen wurde: Der aus dem Vereinten Königreich entlehnte und nicht nur von der AfD aufgegriffene Vorschlag, Asylsuchende in einem afrikanischen Drittland zu parken, kommt faktisch einem Systembruch gleich, der auch die moralischen Normen bundesdeutscher Asylpolitik an ihre Grenze führt. Ähnliches gilt für den EU-Migrationspakt, der Lager für Flüchtende an den Außengrenzen und Asylentscheide in fragwürdigen Schnellverfahren zum Inhalt hat. Die Neuen sollen eben nicht in den Genuss des »normalen« europäischen Verfahrens kommen.

In die gleiche Richtung wirkt der neue Normalismus dort, wo er die menschliche Sorge um das Schicksal ertrinkender Menschen im Mittelmeer oder um die Zukunft des Planeten und seines Klimas als extreme Positionen einer anormalen Elite qualifiziert, mit der die Denkweisen und Lebenswelten der »ganz normalen Leute« delegitimiert würden. Die gedachte Volksmeinung wird auf diese Weise von ethischen Standards ebenso abgekoppelt wie von rationalen Argumenten. Wenn »das normale Volk« aber als egoistisch und amoralisch gedacht wird und zugleich per se richtig ist, was es denkt und will, dann droht Politik, schrankenlos zu werden. Die Folge wäre ein illiberales Normalitätsregime, das immer enger geschnürt und autoritärer wird.

Norbert Reck

Die Zweiteilung der Menschheit

Zu den Ursachen homophober Gewalt

Die homophobe Gewalt in Deutschland nimmt zu. Die Kriminalstatistik für das Jahr 2022 weist – zusammen mit Angriffen gegen Inter- und Transpersonen – erneut einen Höchststand von 1400 Gewalttaten aus, mit einer wohl deutlich höheren Dunkelziffer. Angesichts dessen konnte Luise Amtsberg, die Menschenrechtsbeauftragte der Bundesregierung, eine gewisse Ratlosigkeit nicht verbergen: Auch »sechs Jahre nach der Einführung der Ehe für alle« sei in dieser Hinsicht »noch längst nicht alles gut«.[1]

Woran liegt das? Warum ist die Zahl der Gewalttaten nach der Streichung des § 175 im Jahr 1994 und der Öffnung der Ehe für gleichgeschlechtliche Paare 2017 nicht zurückgegangen, sondern gestiegen? Ist es das veränderte gesellschaftliche Klima? Braucht es einfach noch mehr Aufklärungsarbeit oder ein Diskriminierungsverbot im Grundgesetz, wie es der Aktionsplan des Queer-Beauftragten der Bundesregierung vorsieht?

Möglicherweise hilft weder das eine noch das andere. Übersehen wird dabei nämlich, dass ein beträchtlicher Teil des gegenwärtigen Minderheitendiskurses die Ursachen der Diskriminierung nicht behebt, sondern ungewollt weiter fortschreibt.

Man kann es sehen am derzeit gängigen Sprachgebrauch. Vielerorts ist zwar weiterhin von »Homosexuellen« die Rede, aber seit geraumer Zeit bemühen sich Medien und öffentliche Institutionen, Eigenbezeichnungen wie »Schwule« und »Lesben« zu verwenden, und jüngst haben sogar erweiterte Wortschlangen wie »Lesben, Schwule, Bisexuelle, Trans-, Inter- und queere Menschen« oder das Kürzel »LSBTIQ*« Eingang in regierungsoffizielle Stellungnahmen gefunden. Im Hintergrund steht vermutlich das Ziel, die Dichotomie Heterosexualitä / Homosexualität zu überwinden und keine anderen Minderheiten zu übergehen.

Allerdings entgehen auch die neuen Ausdrücke dem binären Denken nicht. Alle unterliegen sie dem Schema Mehrheit / Minderheit und damit unausgesprochen der Gegenüberstellung von »Normalen« und »Anderen«. Die Anderen sollen zwar nicht diskriminiert werden, doch ihr Anderssein steht nicht infrage. Das dürfte nicht nur die Auffassung der politischen Parteien,

1 Pressemitteilung vom 17. Mai 2023 (www.auswaertiges-amt.de/de/newsroom/idahobit/2596868).

sondern auch der Mehrheit der Bevölkerung sein. Eine entsprechende Formel könnte lauten: »Sie sind anders, aber das ist okay.«

Gegen diese Vorstellung des Andersseins haben kritische Sexualwissenschaftlerinnen und -wissenschaftler allerdings – schon lange vor der Prägung der neuen Bezeichnungen – immer wieder Einspruch erhoben. Bereits 1968 hielt die britische Soziologin (und Aktivistin der Gay Liberation Front) Mary McIntosh in einem wegweisenden Aufsatz fest, dass es nie gelungen sei, für Studien eine lupenreine Stichprobe von »Homosexuellen« aufzutreiben, wenn nicht nur deren Selbstbezeichnung, sondern auch ihr reales Verhalten einbezogen werden sollte. Als ebenso unmöglich habe sich regelmäßig herausgestellt, der Stichprobe eine »saubere« Kontrollgruppe von »Heterosexuellen« gegenüberzustellen. Nach allen bisherigen Versuchen, das Verhalten der »Homosexuellen« zu erforschen, so McIntosh, bleibe das, was als »homosexuell« und »heterosexuell« gelte, im Bereich willkürlicher Einteilungen. Wirklich eindeutig »anderes« Verhalten sei einfach nicht dingfest zu machen.[2]

Ähnliches stellte Sigmund Freud bereits vor mehr als einem Jahrhundert fest. Nach Jahren psychoanalytischer Arbeit sah er sich mehr denn je außerstande, zwischen Homosexuellen und Heterosexuellen charakteristische Unterschiede auszumachen. Zehn Jahre nach seiner ersten wichtigen Publikation zum Thema, der ersten der *Drei Abhandlungen zur Sexualtheorie*, fügte er in die Neuauflage von 1915 die berühmte Passage ein: »Die psychoanalytische Forschung widersetzt sich mit aller Entschiedenheit dem Versuche, die Homosexuellen als eine besonders geartete Gruppe von den anderen Menschen abzutrennen. Indem sie auch andere als die manifest kundgegebenen Sexualerregungen studiert, erfährt sie, daß alle Menschen der gleichgeschlechtlichen Objektwahl fähig sind und dieselbe auch im Unbewußten vollzogen haben.«

Folgt man McIntosh und Freud (und etlichen anderen), dann ist es unmöglich, zwischen Homosexuellen und Heterosexuellen eindeutig zu unterscheiden. Handelt es sich bei der Kategorie der Homosexualität also eher um eine arbiträre Zuschreibung als um eine klare Feststellung? Bestätigt wird dieser Befund zunächst von jenen Kulturen und Epochen, denen die Einteilung der Menschen nach dem Geschlecht ihrer bevorzugten Sexual-

2 Mary McIntosh, *The Homosexual Role*. In: *Social Problems*, Nr. 16/2, Herbst 1968. Weitere Belege bei Erwin J. Haeberle, *Bisexualitäten – Geschichte und Dimensionen eines modernen wissenschaftlichen Problems*. In: Ders. / Rolf Gindorf (Hrsg.), *Bisexualitäten – Ideologie und Praxis des Sexualkontaktes mit beiden Geschlechtern*. Stuttgart: G. Fischer 1994.

partner unbekannt ist (also fast allen). Die Klassifizierung der Menschen als Homo- und Heterosexuelle erweist sich als relativ junge, westliche Erscheinung, wie ein knapper historischer Überblick zeigt.[3]

Antike Geschlechterordnungen und biblische Verbote

Im antiken Assyrien, in Mesopotamien, Ägypten, Griechenland und Rom erregte Sex zwischen Männern – sehr abgekürzt und pauschal gesprochen – kein Aufsehen. Niemand kam auf den Gedanken, dass es eine besondere Art von Menschen sein müsse, die daran Gefallen hätte. Im Gegenteil: Man ging davon aus, dass alle Männer genitalen Verkehr mit Frauen wie auch mit Männern hatten oder haben konnten. Was die Frauen der (in der Regel verheirateten) Männer davon hielten, interessierte nicht. Wichtig war nur, wer penetrierte und wer penetriert wurde, denn die Penetration galt als Ausdruck von Überlegenheit beziehungsweise als Mittel zur Erniedrigung der Penetrierten. Zwischen Männern und Frauen fand man das unproblematisch, da man Frauen »von Natur aus« für Untergebene hielt. Zwischen gleichrangigen Männern dagegen war die Penetration anstößig und in manchen Ländern geächtet, weil es das gesellschaftliche Machtgefüge infrage stellte, wenn freie Männer mit anderen freien Männern Analverkehr hatten. Möglich und selbstverständlich hingegen war die Penetration von Sklaven, Kriegsgefangenen und heranwachsenden Jungen.

Anders sah es im Alten Israel aus. In den biblischen Passagen, die bis heute in unserem kulturellen Gedächtnis präsent sind, werden andere Normen geltend gemacht. Anders auch, als gemeinhin angenommen wird. So richtete sich beispielsweise das berüchtigte Gebot »Du sollst nicht mit einem Mann liegen, wie man mit einer Frau liegt; das wäre ein Gräuel« (Levitikus 18,22), das bis heute von verschiedenen christlichen Kirchen gegen die Praxis der Homosexualität ins Feld geführt wird, zu seiner Entstehungszeit nicht an »die Homosexuellen« (worunter man sich nichts hätte vorstellen können), sondern an die verheirateten Männer in Israel: Das angesprochene »Du« im Gebot war der Patriarch einer Großfamilie, der freie israelitische Mann, der einem Haushalt mit Frau(en), Kindern, Knechten, Sklaven und Vieh vorstand. Und dieser sollte »nicht mit einem Männlichen liegen« (»nicht mit einem Mann« ist eine verbreitete Fehlübersetzung), das heißt: nicht mit einem anderen männlichen Mitglied seines Haushalts. Denn an dieser Stelle

3 Vgl. Norbert Reck, *Kein anderes Ufer. Die Erfindung der Homosexualität und ihre Folgen. Anstoß zu einer notwendigen Debatte*. Ostfildern: Grünewald 2024.

ging es ausschließlich um den eigenen Familienverband. Geschützt werden sollte mit diesem Gebot die sexuelle Integrität der männlichen Kinder in der Familie, der Sklaven und Knechte.

Der Gedanke, dass Männer mit gleichgeschlechtlichen sexuellen Wünschen eine eigene Gruppe Andersartiger konstituierten, war dem hebräischen Denken ebenso fremd wie dem gesamten alten Orient. Im Unterschied zu den Nachbarkulturen legte jedoch das biblische Recht Wert darauf, dass Kinder, Sklaven und abhängig Beschäftigte dem Familienvater nicht sexuell ausgeliefert sein sollten. Eine Sexualnorm mit humanisierendem Charakter also. Die klassischen jüdischen Bibelausleger verstanden das mit wenigen Ausnahmen genau in diesem Sinn. Und die biblische Legende von der Stadt Sodom, in der die Männer der Stadtmiliz zwei übernachtende männliche Fremde vergewaltigen wollten (Genesis 19,1–29), lasen sie nicht als Erzählung von einer »homosexuellen Stadtbevölkerung«, die begierig auf »Frischfleisch« sei, sondern als Beispiel für soldatische Gewalt, Fremdenfeindlichkeit und für die Weigerung, die eigenen Reichtümer mit Menschen von außerhalb zu teilen. Dass die Milizionäre, die sich anschickten, über die Fremden herzufallen, »anders veranlagt« seien, kam niemandem in den Sinn.

Kein jüdisches, sondern ein christliches Problem

Die Spur der Homophobie führt somit nicht ins Judentum (das manche gerne für das »Homosexualitätsverbot« in unserer Kultur verantwortlich machen wollen), sondern zur christlichen Theologie. Denn nach und nach wurden die einschlägigen Bibelstellen des Alten Testaments im Christentum als generelle Verdammungsurteile über den Sex zwischen Männern gelesen – wobei man noch lange dachte, dass *jeder* Mann dazu in der Lage sei. Im 11. Jahrhundert prägte jedoch der italienische Benediktinermönch Petrus Damiani, ein Vorkämpfer für strenge Kirchenzucht und die Einhaltung des Zölibats, für den Sex zwischen Männern den Ausdruck »Sodomie«. Es war seine Bezeichnung für eine Todsünde, die er für ebenso schlimm hielt wie die Blasphemie, die Gotteslästerung. Aus den Sodomitern, den Einwohnern der Stadt Sodom, wurden nun die »Sodomiten«: noch keine biologische, aber doch eine spezielle und unrettbar verdorbene Sorte von Menschen.

Damit wurden erstmals in der Geschichte des Abendlands Männer, die mit anderen Männern Sex hatten, mit einer eigenen Bezeichnung versehen – nicht um ihnen besser gerecht zu werden, sondern um sie klar als »Feinde Gottes« zu markieren. Ihr sexuelles Verhalten machte sie angeblich zu einer besonderen Gruppe von Menschen, zu Trägern des Merkmals »Sodomie« (Sex zwischen Frauen wurde gar nicht erst thematisiert).

Christliche Theologen begannen in der Folge, die entsprechenden Passagen der Bibel anders zu interpretieren. Sie sahen nun überall »Sodomiten« am Werk – und seit dem 19. Jahrhundert »Homosexuelle«. Die ursprünglichen Adressaten des Gebots, »nicht mit einem Männlichen zu liegen, wie man mit einer Frau liegt« – also die Familienväter, deren Kinder vor ihnen geschützt werden mussten, oder die Militärangehörigen, die Fremde, Kriegsgefangene oder Flüchtlinge vergewaltigten, das heißt die wirklichen Täter sexualisierter Gewalt –, gerieten aus dem Blick; stattdessen machten die Theologen nun die fiktive Gruppe der »Sodomiten« als Täter aus.

Die Dämonisierung dieser Anderen folgte auf dem Fuße: Sie als Sodomiten zu kennzeichnen, hieß, sie als durch und durch böse und als Verbündete des Teufels zu betrachten. Und wo seit dem 13. Jahrhundert kirchliches Recht ins weltliche Recht übernommen wurde, konnte das für die solchermaßen Bezichtigten mit Blendung, Kastration oder auf dem Scheiterhaufen enden, wenn sie nicht, wie in Augsburg, öffentlich in Käfigen aufgehängt und dem Hungertod überantwortet wurden.[4]

Vom mittelalterlichen Sodomiten zum modernen Homosexuellen

Mit dem Aufstieg von Medizin und Biologie zu *den* neuen Leitwissenschaften im 18. und 19. Jahrhundert änderte sich die Betrachtungsweise. Das Bedürfnis kam auf, den moraltheologisch aufgeladenen Begriff der Sodomie durch einen neuen Ausdruck zu ersetzen. Karl Heinrich Ulrichs, ein Vorkämpfer für die Straffreiheit des gleichgeschlechtlichen Verkehrs, brachte in den 1860er Jahren die Bezeichnungen »Uranismus« und »Urninge« ins Spiel, die er kreativ der griechischen Mythologie entlehnt hatte; der Psychiater Carl Westphal prägte 1870 den Ausdruck »conträres Sexualempfinden« im Sinne einer psychopathologischen Störung, und wenig später sprach man in der Psychiatrie von »Inversion« und »Invertierten«. Das Rennen aber machte schließlich das griechisch-lateinische Mischwort »Homosexualität«, das der österreichisch-ungarische Autor Karl Maria Kertbeny mit durchaus emanzipatorischen Absichten 1869 in Umlauf brachte. (Wenig später führte er die »Heterosexualität« als Gegenstück ein.) Das klang modern, wissenschaftlich und medizinisch seriös – der Begriff verbreitete sich zunächst im deutschen Sprachraum, war aber bald auch international gängig. Das Odium der theologischen Verurteilung schien abgestreift. Zugleich aber

4 Vgl. Bernd-Ulrich Hergemöller, *Sodom und Gomorrha. Zur Alltagswirklichkeit und Verfolgung Homosexueller im Mittelalter*. Hamburg: Männerschwarm 2000.

war der neue Begriff keine bloße Benennung einer Verhaltensweise, sondern partizipierte an zwei bedeutenden Denkströmungen der Zeit.

Erstens knüpfte er an die Vorstellung der Existenz verschiedener Menschenarten an. Seit Berichte, Beutegut und Sklaven aus den Kolonien in Europa eintrafen, sahen die Europäer sich in wachsendem Maß mit Menschen anderer Hautfarben, Kulturen und Sprachen konfrontiert, und es erschien »natürlich«, diese in verschiedene »Rassen« einzuteilen. Dass es sich bei den Homosexuellen ebenfalls um eine Art Rasse handeln könnte, schien keineswegs weit hergeholt. Der wissenschaftliche Geist jener Jahre war in erster Linie ein Geist des Ordnens und Kategorisierens. Die Welt bestand aus immer mehr Sorten und Arten. Der Philosoph Michel Foucault bemerkte dazu knapp: »Der Sodomit war ein Gestrauchelter, der Homosexuelle war eine Spezies.«[5]

Zweitens galt Homosexualität nun als biologische Tatsache. Dem Zeitgeist entsprechend suchte man die Ursachen der Unterschiede zwischen den Menschen in ihren biophysischen Anlagen: Was in ihren Eigenschaften und Verhaltensweisen zutage trat, glaubte man im Körper der Menschen – im Gehirn, in den Hormonen, im Blut, im Uterus – dingfest machen zu können. Die Homosexuellen unterschieden sich, so glaubte man nun, konstitutionsbiologisch von den übrigen Menschen.[6]

Die Etablierung des kolonialistisch-biologistischen Vorstellungskomplexes der »Homosexualität« führte für die Betroffenen – trotz aller guten Absichten Kertbenys – zur endgültigen, weil »naturgegebenen« Abgrenzung von der übrigen, »normalen« Menschheit. Gleichgeschlechtliches Begehren war nun Ausdruck einer besonderen Veranlagung, die die Träger nicht mehr, wie in früheren Kulturen und Zeiten, als Gleiche unter Gleichen erscheinen ließ.

Für die Betroffenen hatte das fatale Folgen. Wer von ihnen gehofft hatte, durch die Wissenschaft endlich von den kirchlichen Schuldsprüchen befreit zu werden, sah sich nun einem Diskurs ausgeliefert, der noch unerbittlicher war, weil er sich auf die Autorität angeblich wissenschaftlicher Fakten be-

5 Michel Foucault, *Sexualität und Wahrheit*. Bd. 1: *Der Wille zum Wissen*. Aus dem Französischen von Ulrich Raulff u. Walter Seitter. Frankfurt: Suhrkamp 1983.

6 Vergleichbares widerfuhr in derselben Zeit auch den Juden: Wie aus der Sodomie die Homosexualität wurde, machte das biologistische Denken aus der kirchlich überlieferten Verachtung des Judentums als einer Religion die Verachtung der Juden als einer »Rasse«: Nur wenige Jahre nach der Erfindung der »Homosexualität« kam der Begriff des »Antisemitismus« in Umlauf. Er sollte ebenfalls modern und wissenschaftlich klingen und die Juden zu organisch Anderen erklären. Auch für abweichendes Verhalten oder »unmäßige« Ansprüche von Frauen suchte man medizinische Ursachen: Meist wurde bei ihnen »Hysterie« diagnostiziert.

rief. Der medizinische Blick diagnostizierte die Abweichung der betroffenen Menschen von einer willkürlich festgelegten Normalität und erklärte sie zu Homosexuellen, zu einer »Sondernatur« (Foucault). Einen radikaleren Akt der Diskriminierung hatte es nie zuvor in der Geschichte des gleichgeschlechtlichen Sexes gegeben.

Pathologisierung

Dafür, dass die Homosexualität in der Biologie des Menschen festgelegt sei, gab es allerdings nicht die geringsten neuen medizinischen Erkenntnisse. Neu war lediglich die Überzeugung, dass es sich so verhalten *müsse*. Die frischgebackenen Homosexuellen wurden alsbald zu begehrten Studienobjekten der Medizin und der noch jungen Wissenschaft der Psychiatrie. Man untersuchte sie auf ihre Vorgeschichte, ihren familiären Hintergrund, auf Erbkrankheiten und auf psychische Anomalien hin, um die Ursachen ihrer Abweichung von der Norm ausfindig zu machen. Die Norm, der soldatische, heterosexuelle Mann, wurde indessen nicht infrage gestellt. Zunehmend galt der Wunsch nach Sex mit einem Menschen des gleichen Geschlechts als Symptom für zugrundeliegende tiefere Defekte: für nervliche Degeneration, Rückenmarksschwund, Erbkrankheiten, Hormonstörungen, Hirnschäden usw. (Einige Jahrzehnte später kamen noch Gendefekte hinzu.) Es gibt kaum etwas, das noch nicht als Ursache erwogen worden wäre.

Und natürlich sollte die Homosexualität nicht nur erforscht, sondern auch »geheilt« werden. Die Palette der Behandlungsversuche reichte vom Einpflanzen »heterosexuellen« Drüsengewebes in »homosexuelle« Individuen, von Hormonbehandlungen, Verpflanzungen von Hodengewebe und Eierstöcken über Kastrationen, Sterilisierungen und Elektroschocks bis hin zu medikamentösen Behandlungen in den Psychiatrien und ab den 1950er Jahren zu stereotaktischen Eingriffen am Gehirn. Die Spur der Versuche führt von der Freiwilligkeit zu Zwangsmaßnahmen, im NS-Staat zu massenhaften Sterilisierungen und medizinischen Experimenten in den Konzentrationslagern, endet dort aber keineswegs.

Für die Zeit nach dem Zweiten Weltkrieg stellt der Sexualwissenschaftler Heinz-Jürgen Voß fest, »dass sich der Fokus der Forschung nicht wandelte: Biologische und medizinische Forschungen wurden betrieben mit ›optimistischen Zukunftserwartungen‹, was die Anwendung der Forschungsergebnisse zur Tilgung von ›Abweichungen‹ betraf.«[7] Echte Erfolge der Versuche

7 Heinz-Jürgen Voß, *Biologie & Homosexualität. Theorie und Anwendung im gesellschaftlichen Kontext*. Münster: Unrast 2013.

der sexuellen »Umstimmung« gab es indessen kaum, aber zahlreiche freiwillige und unfreiwillige Patienten bezahlten die Eingriffe mit geistiger Umnachtung oder mit ihrem Leben.

Erst 1974 – gut hundert Jahre nach ihrer Erfindung – wurde die Homosexualität von der American Psychiatric Association aus ihrem Katalog der geistigen Erkrankungen *(Diagnostic and Statistical Manual of Mental Disorders)* gestrichen. Und seit 1991 führt auch die Weltgesundheitsorganisation Homosexualität nicht mehr in ihrer *Internationalen Klassifikation der Krankheiten (International Classification of Diseases)*. Über hundert Jahre der »wissenschaftlichen« Erforschung des gleichgeschlechtlichen sexuellen Verlangens wurden so zum Irrweg erklärt.

Festhalten an der Andersheit der Homosexuellen

Damit aber war das Erbe des 19. Jahrhunderts keineswegs überwunden. Zwar galt Homosexualität in vielen Ländern nicht mehr als Krankheit, doch die Einteilung der Menschheit in Heterosexuelle und Homosexuelle blieb bestehen. Die meisten gesellschaftlichen Akteure, die sich für Toleranz und gegen Diskriminierung von Homosexuellen aussprechen – einschließlich etlicher Aktivisten der schwulen und lesbischen Community –, halten die Einteilung auch heute noch für »natürlich« und verweisen auf die »Erkenntnisse der modernen Wissenschaft«. Üblicherweise verstehen sie darunter, dass Homosexualität »anlagebedingt« sei, vorzugsweise hormonell oder genetisch.

Als Stand der sexualwissenschaftlichen Debatte gilt heute allerdings nahezu das Gegenteil. Alle Hypothesen von erblichen, hormonellen, genetischen oder evolutionsbiologischen Ursachen wurden inzwischen mehrfach falsifiziert. Zudem hatte in den 1930er und 1940er Jahren der US-amerikanische Biologe Alfred Kinsey die Beobachtung Freuds, dass alle Menschen bewusst oder unbewusst gleichgeschlechtliches Begehren erleben, mit einer großen Menge empirischer Daten unterfüttert. Kinseys Feldforschungen von bis dahin ungekanntem Ausmaß zeigten, dass die überwiegende Mehrheit der US-Amerikaner weder zu den »ausschließlich Heterosexuellen« noch zu den »ausschließlich Homosexuellen« zu rechnen war und dass manche ihre sexuellen Präferenzen sogar im Laufe ihres Lebens völlig änderten, weshalb die Welt »sich nicht in schwarze und weiße Schafe aufteilen« lasse.[8] Beim Erscheinen des *Kinsey-Report* war das Staunen über das tatsächliche Sexualverhalten der Menschen enorm; katholische Würdenträger protestierten umgehend und zweifelten die Repräsentativität der Daten an, weil auch

8 Alfred C. Kinsey u.a., *Das sexuelle Verhalten des Mannes*. Frankfurt: Fischer 1955.

Prostituierte und Gefängnisinsassen unter den Probanden waren. Doch umfangreiche Kontrolluntersuchungen bestätigten Kinseys Befund mit nur minimalen Abweichungen.[9]

Allerdings fand die Tatsache, dass Kinsey mit seinen Erkenntnissen das Konzept der Homosexualität eigentlich schon für unbrauchbar erklärt hatte, keinen Eingang ins allgemeine Bewusstsein. Auch die kulturtheoretischen, sozialpsychologischen und soziologischen Forschungen von Dannecker über Foucault bis Sigusch vermochten bislang kaum etwas gegen den verbreiteten Glauben an eine veranlagungsbedingte Homosexualität auszurichten. Allem Anschein nach haben weder die heterosexuelle Mehrheit noch die homosexuelle Minderheit ein Interesse daran, sich davon zu lösen.

In den Emanzipationsbewegungen von Schwulen und Lesben in westlichen Ländern empfand man zwar immer wieder Unbehagen gegenüber dem *Begriff* Homosexualität und versuchte, ihn durch Ausdrücke wie Schwule, Lesben, LSBTIQ usw. zu ersetzen, doch es gab nie einen expliziten Bruch mit dem dahinterstehenden biologistischen *Konzept*. Zwar äußerten den Bewegungen nahestehende Intellektuelle wie McIntosh, Foucault und Hocquenghem ihre Bedenken, doch schienen die Vorteile einer eindeutigen Gruppenidentität die Nachteile einer Einwilligung in die fortwährende Selbstdiskriminierung als wesensmäßig Andere zu überwiegen: Wenn Homosexualität angeboren war, konnte man »nichts dafür« und war in der Lage, als klar definierte Gruppe aufzutreten und Toleranz für sich einzufordern.

Demgegenüber bestand das Interesse der sich als heterosexuell verstehenden Mehrheitsgesellschaft offenbar darin, gleichgeschlechtliches Begehren einer Gruppe entsprechend veranlagter »Anderer« zuweisen zu können, um die eigene sexuelle Identität mit solchen Fragen nicht belasten zu müssen. Es wurde gewissermaßen zur Funktion der schwul-lesbischen Communitys in den liberalen Gesellschaften, die Selbstverständlichkeit der heterosexuellen Mehrheitsgesellschaft zu bestätigen: Wir sind, wie wir sind, und ihr seid, wie ihr seid. Im Gegenzug revanchierte sich die Mehrheit damit, eine Reihe gegen die Minderheit gerichteter Gesetze aus dem Weg zu räumen und Geld für Schwulen- und Lesbenzentren, Beratungsstellen und Anti-Gewalt-Projekte bereitzustellen.

Bis heute sind beide Seiten stolz auf sich: die einen auf ihre Toleranz und Weltoffenheit, die anderen auf den Erfolg ihrer Bemühungen um Anerkennung. Grundlage dafür blieb aber die Einwilligung beider in die Auffassung,

9 Paul H. Gebhard / Alan B. Johnson, *The Kinsey Data: Marginal Tabulations of the 1938–1963 Interviews Conducted by the Institute for Sex Research*. Philadelphia: W. B. Saunders 1979.

dass die Gesellschaft tatsächlich aus klar unterscheidbaren Populationen von Hetero- und Homosexuellen bestehe.

Die Konstellation der Homophobie

Doch gerade hinter dieser Auffassung, die heute als Grundlage für Toleranz gilt, verbirgt sich eine wesentliche Ursache der Homophobie. Wer gleichgeschlechtliche Gefühle hat, gehört zu den »Anderen«, ist draußen, ist kein Teil der Mehrheit mehr. Doch so sehr die Mehrheit sich wünschen mag, gleichgeschlechtliches Begehren einer Minderheit zuweisen zu können, so wenig lässt sich die Realität des sexuellen Begehrens in Schubladen sortieren und auf bestimmte Geschlechter beschränken. Das bewusste oder unbewusste Erleben gleichgeschlechtlicher Anziehung ist kein Minderheitsphänomen. Es kann deshalb Angehörige der Mehrheitsgesellschaft verunsichern und das hervorrufen, was der US-amerikanische Queer-Theoretiker Daniel Boyarin »homosexuelle Panik« nannte[10] – insbesondere bei Menschen, die fest an die organische Disposition »sexueller Orientierung« glauben. Viele von ihnen erleben das Auftreten eigener gleichgeschlechtlicher Gefühle als Bedrohung der persönlichen Identität.

Das kann schon dort eine Rolle spielen, wo diese Gefühle noch gar nicht als Begehren erlebt werden. Gleichgeschlechtliche Empfindungen spielen sich, wie schon Freud wusste, in unserer Kultur weitgehend unbewusst ab, weil sie mit Scham, Ekel, moralischen oder gesellschaftlichen Verboten belegt sind, aber das bedeutet nicht, dass sie nicht dennoch wirksam wären. »In genau diesem Sinne ist Homophobie ein Produkt der modernen Kultur der Heterosexualität«, schreibt Boyarin: Diese Kultur fuße auf einer strikten Dichotomie von »wir« und »die« und lasse nur verschiedengeschlechtliche sexuelle Wünsche für die Mehrheit angstfrei zu. Insofern ist Homophobie keine Angst vor Schwulen und Lesben (und in der Regel keine Phobie im klinischen Sinn), sondern eine Angst vor den eigenen Gefühlen gegenüber Menschen des gleichen Geschlechts.[11] Sie kann sich in Furcht vor körperlicher Nähe ausdrücken, sie kann aber auch aggressiv, gewalttätig und mörderisch werden – je nach dem Grad der Tabuisierung solcher Gefühle, mit dem man aufgewachsen ist.

10 Daniel Boyarin, *Unheroic Conduct. The Rise of Heterosexuality and Jewish Masculinity*. In: Björn Krondorfer (Hrsg.), *Men and Masculinities in Christianity and Judaism. A Critical Reader*. London: SCM Press 2009.

11 Vgl. auch die luzide Darstellung bei Jonathan Ned Katz, *The Invention of Heterosexuality*. New York: Dutton 1995.

Homophobe Gewalt und die Fortschritte der Emanzipation

Warum aber richten sich diese Aggressionen gegen Schwule und Lesben? Hier greift ein psychologischer Mechanismus, der sich nicht in erster Linie auf das bezieht, was Lesben und Schwule sexuell tun, sondern darauf, dass sie sich mit ihrem Auftreten in der Öffentlichkeit eine Freiheit nehmen, die homophobe Personen sich selbst nicht zugestehen können. Offen auftretende, Händchen haltende, einander küssende Lesben oder Schwule konfrontieren homophobe Menschen mit ihren eigenen Ängsten. Auf dem Spiel steht ihre Identität, ihr Vertrauen, dass die Welt so ist, wie sie immer dachten. Zudem sehen sie an den »Anderen«, dass ihr eigenes Leben lustvoller, liebevoller, verspielter und freier sein könnte. Das kann wütend machen. Die Wut speist sich aus den eigenen Widersprüchen, doch sie richtet sich gegen jene, die sie damit konfrontieren.

Und das geschieht umso häufiger, je weiter die gesellschaftliche Emanzipation der Homosexuellen voranschreitet, je mehr diskriminierende Gesetze abgebaut werden und je sichtbarer infolgedessen gleichgeschlechtliches Verhalten in der Öffentlichkeit wird. Solange die Teilung der Welt in Homo- und Heterosexuelle bestehen bleibt, bringt jeder Emanzipationsfortschritt auch mehr Homophobie mit sich. Der 2023 verstorbene Sexualwissenschaftler Volkmar Sigusch schrieb bitter: »Der Haß der Normalen auf die Homosexuellen ist unabstellbar wie die Angst vor ihnen, solange beide für die Heterosexualität konstitutiv und dazu noch weitgehend dem Bewußtsein entzogen sind. Solange es Hetero- und Homosexualität als abgezirkelte gesellschaftliche Sexualformen gibt, solange wird das so sein.«[12]

Sexualkundeunterricht, psychosoziale Beratungsstellen, Regierungen und andere Institutionen, die sich wohlmeinend dafür aussprechen, dass die »Anderen« – seien es Homosexuelle, Trans-Personen oder andere sexuelle Minderheiten – ihr Anderssein »annehmen« und einen Platz in der Gesellschaft haben sollen, setzen ungewollt die Diskriminierung früherer Jahrzehnte und Jahrhunderte fort. Da tut es nichts, dass diese »Anderen« heute mit positiven Vorzeichen versehen werden. Intellektuell liegt der Diskurs auf derselben Ebene wie der des Rassismus: Ganz gleich, ob man Menschen anderer Hautfarbe ablehnend oder wohlwollend gegenübersteht – solange man in ihnen eine andere Art Mensch, gar eine andere »Rasse« sieht, solange befindet man sich in einem rassistischen Denkmuster.

12 Volkmar Sigusch, *Karl Heinrich Ulrichs. Der erste Schwule der Weltgeschichte.* Hamburg: Männerschwarm 2000.

Konsequenzen für Pädagogik, Emanzipationsbewegungen und Politik

Sofern die obenstehende Analyse richtig ist, ergeben sich daraus konkrete Konsequenzen für den Sexualkundeunterricht an den Schulen, für die Emanzipationsbewegungen der Lesben und Schwulen und für staatliches Handeln.

Erstens: Im Sexualkundeunterricht ist jedes Werben um Toleranz für »Andere« kontraproduktiv, weil es die Andersheit im Bewusstsein von Schülerinnen und Schülern erst installiert oder weiter befestigt. Mutiger Sexualkundeunterricht bestünde darin, zu vermitteln, dass *alle* Menschen bewusst oder unbewusst erotisches Begehren für Menschen jederlei Geschlechts erleben. Wer das in der Kindheit lernt, muss sich nicht vor den eigenen Gefühlen fürchten und wird einmal selbst entscheiden, welche davon es wert sind, ihnen nachzugehen. Wer dagegen lernt, dass es die Einen und die Anderen als »natürliche« Gruppen von Menschen gibt, wird in einem Alter, in dem das Dazugehören ein bedeutendes Ziel ist, in die Entfremdung gegenüber der eigenen Gefühlswelt gestoßen. Dementsprechend nimmt aggressiv antischwules Verhalten unter Jugendlichen in den letzten Jahren wieder zu; viele Jungs fühlen sich genötigt, mit lautstarkem Geschrei und gelegentlich mit Gewalt zu »beweisen«, dass sie nicht schwul sind. Es ist für sie klar, dass das etwas Minderwertiges wäre, und dementsprechend ist das Wort »schwul« unter ihnen wieder zu einem Schimpfwort geworden. (Antilesbische Rhetorik scheint dagegen weniger lautstark in Erscheinung zu treten.)

Zweitens: Ähnlich wie im Feminismus, in dem mit der Zeit ein Gegensatz zwischen Gleichheitsfeminismus und Differenzfeminismus aufkam, gab es in den schwul-lesbischen Emanzipationsbewegungen neben dem Kampf um gleiche Rechte bald auch die Idee der gemeinsamen homosexuellen Identität, die allmählich die Oberhand gewann. Dabei wurde der Widerspruch zwischen diesen Ansätzen nur wenigen bewusst. Während der Kampf um Menschen- und Bürgerrechte von der grundsätzlichen *Gleichheit* aller Menschen ausging und die Freiheit jedes sexuellen Ausdrucks für alle Menschen forderte, wurzelt das identitäre Denken auf der Vorstellung der grundsätzlichen *Andersheit* der Lesben und Schwulen. Letzteres machte aus ihnen eine »sexuelle Minderheit« und brachte die defensive Forderung nach Toleranz, Akzeptanz oder Anerkennung durch die Mehrheitsgesellschaft hervor. Ein Abschied vom Konstrukt der Homosexualität könnte der Bewegung hier zu neuer Entschiedenheit verhelfen – zu einer konsequenten Ausrichtung auf die Gleichheit aller Menschen, auf die ungehinderte Entfaltung der Persönlichkeit, auf die freie Wahl der Geschlechtspartner, kurz: auf Menschenrechte für alle und nicht auf Minderheitenrechte für »Andersgeartete« (wie zuletzt etwa bei der »Eingetragenen Lebenspartnerschaft«). Des Weiteren könnte die Bewegung die historische Aufgabe anpacken, die zerstörerische Aufspaltung der Menschheit in Mehrheiten und Minderheiten zu thematisieren und die Geschichte der (psychiatrischen, medizinischen, juristischen und theologischen) Gewalt, die die gleichgeschlechtlich Begehrenden zu einer anderen Menschenart gemacht hat, ins allgemeine Bewusstsein zu heben.

Und drittens: Regierungen und staatliche Institutionen sollten sich nicht länger daran beteiligen, manche Bürgerinnen und Bürger zu Sondergruppen zu erklären, auch wenn sie dafür vermeintlich respektvoll von Homosexuellen, Schwulen oder Lesben, queeren Menschen oder – etwas erweitert – von LSBTIQ* sprechen. Staatliche Beteiligung am *Othering* durch die Aufrechterhaltung der Fiktion der Homosexualität schreibt Diskriminierung fort und wird homophoben Personen nicht aus ihrer »homosexuellen Panik« heraushelfen. Nur ein konsequentes Verfechten des Gleichheitsgrundsatzes, der keine Mehrheiten und Minderheiten kennt, erscheint geeignet, Gerechtigkeit und Gleichbehandlung zu fördern.[13]

13 Zur Frage, wie es nach dem Abschied vom biologistischen Veranlagungsglauben hinsichtlich der menschlichen Sexualität weitergehen könnte, gibt es inzwischen einige weiterführende Arbeiten. Stellvertretend will ich hier nur auf die Reflexionen der Berliner Psychoanalytikerin Ilka Quindeau hinweisen. Sie hat in Auseinandersetzung mit Freud, Laplanche und dem aktuellen Forschungsstand der Sexualwissenschaft eine integrale Sicht des Sexuellen entwickelt, die das Begehren weder auf eine evolutionsbiologische Funktion reduziert noch die Menschen in Gruppen von gleichgeschlechtlich und verschiedengeschlechtlich Begehrenden einteilt. Mit einem genauen Blick für die äußerst vielfältigen konkreten Formen des menschlichen Begehrens und für die gleichzeitige Einheit des Menschengeschlechts beschreibt Quindeau die Menschen nicht als separate Individuen, die in ihren Lüsten von ihren Erbanlagen gesteuert werden, sondern als soziale Wesen, die das, was sie ausmacht, aus der Interaktion mit ihren Bezugspersonen empfangen, erleben, hervorbringen und weiterentwickeln. Für eine wahrhaft humane, nichtdiskriminierende Sicht der Sexualität erschließt sie hier ein Terrain, das das 19. Jahrhundert endgültig hinter sich lässt und das zu erkunden sich lohnt. Vgl. Ilka Quindeau, *Verführung und Begehren. Die psychoanalytische Sexualtheorie nach Freud*. Stuttgart: Klett-Cotta 2008; dies., *Wie wird man heterosexuell? Neues vom Sexuellen aus psychoanalytischer Sicht*. In: *Queer Lectures*, Nr. 4/10, 2011; dies., *Sexualität*. Gießen: Psychosozial-Verlag 2014.

William Davies

Antimarkt

Profitlogik und ökologische Transformation

Häufig werden die Begriffe »Markt« und »Kapitalismus« verwendet, als wären sie Synonyme. Besonders wenn es gilt, den »freien Markt« zu verteidigen, ist stillschweigend unterstellt, dass es dabei um Argumente zugunsten des »Kapitalismus« geht. Dabei können die beiden Wörter sehr unterschiedliche Verbindungen von Institutionen und Logiken meinen. Folgt man der Taxonomie, die der Wirtschaftshistoriker Fernand Braudel entwickelt hat, könnten sie sogar im Gegensatz zueinander stehen. In Braudels Bild sind lange Phasen der Wirtschaftsgeschichte wie Stockwerke eines Hauses aufeinandergeschichtet. Das Fundament bildet das »materielle Leben«, eine undurchsichtige Welt des Verbrauchs, der Produktion und der Reproduktion in ihrer basalen Form. Darüber das »ökonomische Leben«, die Welt der Märkte, auf denen die Menschen einander in Austauschbeziehungen, aber auch als potentielle Wettbewerber auf Augenhöhe begegnen. Märkte sind durch Transparenz charakterisiert: Die Preise sind öffentlich, und alle relevanten Aktivitäten sind für alle sichtbar. Und wegen des Wettbewerbs sind die Profite minimal, kaum mehr als ein »Lohn« für Verkäuferin und Verkäufer. Über dem »ökonomischen Leben« befindet sich der »Kapitalismus«. Das ist, wie Braudel es sieht, die Zone des »Antimarkts«: eine Welt der Opazität, der Monopole, der Konzentration von Macht und Reichtum und der außergewöhnlichen Profite, die nur erzielen kann, wen die Normen des »ökonomischen Lebens« nicht binden. Händler am Markt interagieren zu einer bestimmten Zeit und an einem bestimmten Ort und halten sich dabei an geteilte Regeln (man stelle sich einen Dorfplatz am Markttag vor); Kapitalisten nutzen ihre von keinem Rivalen beeinträchtigte Kontrolle über Zeit und Raum aus, um ihre Regeln allen anderen aufzunötigen (man denke an die Wall Street). Käufer und Verkäufer auf eBay sind Teilnehmer eines Markts; eBay Inc. ist Teilnehmer am Kapitalismus. Kapitalismus ist, in Braudels Worten, »das Revier der großen Raubtiere, in dem das Gesetz des Dschungels gilt«.

So betrachtet, gab es das »ökonomische Leben« schon in frühen modernen Gesellschaften, der »Kapitalismus« triumphierte dagegen spät, wurde erst im 19. Jahrhundert wirklich dominant – als er nämlich den Staat auf seine Seite gebracht hatte. Eine ganze Reihe rechtlicher, finanzieller und das Management betreffender Konstrukte wurden geschaffen, um den Kapitalismus – und seine Profite – von der Form von Gleichheit und Wettbewerb abzuschirmen, die die Möglichkeiten des Kleinbürgertums und der lokalen Händler weiter beschränkten. »Geistiges Eigentum«, begrenzte Haftbarkeit, ein »Kreditgeber letzter Instanz«, koloniale Ausdehnung und neue Techniken zur Disziplinierung der Arbeiterklasse: All das schuf die passenden Bedingungen für Extraktion und Ausbeutung, nicht den bloßen Austausch. Die moralischen und politischen Tugenden des Markts, wie sie etwa Adam Smith vor Augen standen, waren in der kapitalistischen Ära von Rockefeller und Ford nicht mehr bestimmend.

Wenn das so ist: Warum werden »Kapitalismus« und »Märkte« so oft in eins gesetzt? Eine Erklärung wäre, dass der Kapitalismus ohne jeden Zweifel Märkte benötigt. Aber es sind besondere Märkte, die unter dem Deckmantel des freien Austauschs Formen der Ungleichheit mit sich bringen. Für Marxisten ist der eine Markt, ohne den der Kapitalismus nicht auskommt, der Arbeitsmarkt, jene Institution, die auf magische Weise dem Menschen innewohnende Kräfte in etwas verwandelt, das wie Äpfel und Birnen verkauft werden kann. Andere, stärker von Keynes beeinflusst, betonen die Abhängigkeit des Kapitalismus von Finanzmärkten, auf denen Papiere (Anleihen, Aktien, Derivate) in Erwartung ihres fallenden oder steigenden Werts den Besitzer wechseln. Das sind keine gewöhnlichen Märkte. Beide machen es möglich, dass eine Klasse von Menschen – Kapitalisten – reich wird, ohne sonderlich viel zu tun, im ersten Fall, indem sie Arbeitskräfte unterbezahlen, im zweiten durch das Manipulieren von Bilanzen. Die Märkte für Arbeitskräfte und Finanzanlagen mögen auf den ersten Blick den Märkten für Brot oder Socken gleichen, sie gehören jedoch ganz eindeutig zur trüben, hierarchischen Welt des »Kapitalismus«, machen sie überhaupt erst möglich, und nicht zum transparenten, egalitären Raum des »ökonomischen Lebens«.

Eine zweite Erklärung für die falsche Verquickung ist, dass der Kapitalismus, anders als die Existenz von Märkten, aus sich heraus extrem schwierig zu rechtfertigen ist. Eine einfache Markt-Transaktion hat den sozialen Wert, Fremde zu einem gegenseitigen Nutzen zusammenzubringen, so dass am Ende der eine den anderen nicht über das Ohr gehauen haben wird. »Fair Trade« ist die aktuelle Fassung dieses Prinzips. Aber aus welcher Logik heraus hat der Eigner von Firmenaktien, eines Stücks Grund oder eines Seniorenheims das moralische Recht, im Lauf eines Jahres um zehn oder fünfzehn Prozent reicher zu werden, obwohl er keine Mühen oder originellen Ideen darauf verwendet hat, den Wert des betreffenden »Vermögensgegenstands« zu vergrößern? Liberale Ökonomen würden antworten, indem sie Profite, in denen sich Produktivitätsverbesserungen abbilden (und die deshalb positiv sind), von solchen unterscheiden, die bloße Marktmacht abbilden (und die deshalb schlecht sind).

In der Praxis ist diese Unterscheidung jedoch extrem schwierig zu treffen, und noch viel schwieriger ist es, für sie Regeln zu schaffen. Die entschiedensten Verteidiger des Kapitalismus akzeptieren oft den Vorwurf, dass er monopolistisch, ausbeuterisch und intransparent ist, halten aber dagegen, all dies seien notwendige Bedingungen dafür, dass eine heroische Minderheit, nämlich Unternehmer, erscheinen und reüssieren können. Diese Behauptung mag eine gewisse Plausibilität haben, wenn wir über seltene Fälle wie Steve Jobs sprechen, aber der Begegnung mit der gewöhnlichen Realität von mit ihren Wirtschaftsabschlüssen wedelnden Firmenchefs und Vermögensverwaltern, die das Hundertfache des Durchschnittslohns verdienen und das ihre »Vergütung« nennen, hält sie schwerlich stand.

Die liberale Ideologie hat dazu tendiert, dem Problem des Kapitalismus insgesamt auszuweichen und stattdessen so zu tun, als wäre das »ökonomische Leben« (also die vom Wettbewerb geprägten egalitären Märkte) noch der Kern unserer Wirtschaftswelt. Diese Kurzsichtigkeit manifestiert sich in den Wirtschaftslehrplänen der großen Universitäten, die trotz der Anstrengungen diverser Streiter für Alternativen und des von George Soros finanzierten Institute for New Economic Thinking weiterhin kein Interesse an Theorien zeigen, die Macht, Ungewissheit, Monopole und Instabilität betonen. Sie konzentrieren sich stattdessen auf eine Orthodoxie, in der die ökonomische Aktivität vor allem von Preisen und Anreizen bestimmt wird. Politiker klammern sich währenddessen an liberale Märchen von Arbeit, die sich bezahlt macht, von sozialer Mobilität und Eigentum für alle, die mit einer Wirklichkeit der Armut trotz Arbeit, des unverdienten Reichtums und aus dem Ruder laufender Mieten herzlich wenig zu tun haben. Und Finanzdienstleistungen maskieren sich als ein »Sektor« unter anderen, als verkauften sie ihre Waren ganz wie der bescheidene Ladeninhaber auf einem Marktplatz.

In *The Price is Wrong* fügt Brett Christophers dieser Liste ein potentiell noch drastischeres Symptom hinzu: das Unvermögen der Entscheidungsträger, die Transformation der Energieformen zu verstehen, an der das Fortbestehen des Planeten hängt.[1] Die Grundannahme der Energieökonomen war all die Jahre, dass das Haupthindernis beim Wachstum erneuerbarer Energie ihre höheren Kosten wären, die es ihnen unmöglich machten, auf dem Markt mit fossilen Energieträgern zu konkurrieren, weshalb sie der

1 Brett Christophers, *The Price is Wrong. Why Capitalism Won't Save the Planet*. London: Verso 2024.

Subventionierung durch den Staat bedürften. Entsprechend groß war die Freude, als die Internationale Energieagentur 2015 berichtete, dass nun endlich die erneuerbaren Energien (vor allem Solar- und Wind-Farmen) im Verhältnis zu Gas, Kohle, Öl und Atomkraft keine höheren Kosten mehr verursachten. Der Entscheidungsorthodoxie zufolge hätte das ein Wendepunkt sein müssen. Der Moment nämlich, in dem die Regierungen ihre Subventionen für den Sektor der Erneuerbaren streichen und in aller Ruhe beobachten, wie der Preismechanismus seine wunderbaren Wirkungen tut. Denn wenn Kohle, Gas und Öl nun die weniger kompetitive Option waren, dann müssten die Gesetze von Angebot und Nachfrage dafür sorgen, dass sie bald auf der Strecke blieben. Aber das ist keineswegs das, was passierte. Warum?

Mit einem Wort: Profitabilität. Wie es Wael Sawan, der CEO von Shell, im vergangenen Jahr formulierte: »Unsere Anteilseigner verdienen es, dass wir gute Ergebnisse bringen. Wenn es uns in einem Bereich nicht gelingt, zweistellige Ergebnisse zu erzielen, müssen wir uns sehr ernsthaft die Frage stellen, ob wir hier weiter aktiv bleiben wollen. Wir wollen unbedingt weniger und immer weniger Kohlenstoff emittieren, aber der Weg dahin muss profitabel sein.« Unternehmen wie Shell rechnen mit mindestens 15 Prozent Rendite auf ihre Investitionen im fossilen Bereich, aber nur mit 5 bis 8 Prozent Rendite bei ihren Investitionen in Erneuerbare. Der Appeal der fossilen Energieträger liegt, vom Standpunkt des »Antimarkts« betrachtet, darin, dass sie weiterhin die Sorte Monopolrente bieten, die es in der sehr viel marktförmigeren, kompetitiveren Industrie der Erneuerbaren nicht gibt. Dies ist, so Christophers, die unangenehme Realität, die das Paradigma der Marktwirtschaft dem Blick entzogen hat. Er teilt die Befürchtung, die sich in einem Cartoon des *New Yorker* ausdrückt, in dem ein Mann drei Kindern an einem zukünftigen Lagerfeuer erklärt: »Ja, der Planet wurde zerstört. Aber für einen wunderschönen Augenblick haben wir eine Menge Profite für Aktienbesitzer geschaffen.«

Die Dekarbonisierung muss an vielen Fronten stattfinden, aber die Stromerzeugung ist vermutlich die wichtigste von allen. Im Jahr 2019 stammten 37,5 Prozent des globalen CO_2-Ausstoßes aus der Stromerzeugung, der Rest aus Aktivitäten wie Transport, industrieller Produktion und Heizung. Die Dekarbonisierung dieser Aktivitäten hängt ihrerseits stark am Versprechen der Elektrifizierung (von Autos, zum Beispiel), weshalb die Notwendigkeit der Transformation der Stromerzeugung ganz klar die Priorität sein muss.

Die Herausforderung ist furchteinflößend. 2022 stammten 61 Prozent der globalen Stromerzeugung von fossilen Energieträgern, verglichen mit gerade einmal 12 Prozent, die Wind- und Sonnenergie gemeinsam ausmachen.

Um mit dem wachsenden Bedarf Schritt zu halten, werden ständig neue Kohlekraftwerke gebaut – im Schnitt werden zwei pro Woche allein in China genehmigt. Der Plan der Internationalen Energieagentur, bis 2050 »Net Zero« zu erreichen, basiert auf einem Anstieg von Wind- und Sonnenenergie auf 68 Prozent und dem fast vollständigen Verschwinden fossiler Energieträger aus der Stromerzeugung – den Rest bildeten dann andere Erneuerbare wie Wasserkraft und Bioenergie ebenso wie Atomkraft. Blickt man auf die Tatsache, dass sich der globale Strombedarf im selben Zeitraum verdoppeln dürfte (vor allem dank der Elektrifizierung anderer Technologien), kann einem das Ziel fast unerreichbar vorkommen. Sollte irgendeine Hoffnung bestehen, dass sich der Anstieg der globalen Temperaturen um zwei oder mehr Grad verhindern lässt, so hängt sie am Bau neuer Wind- und Solarfarmen in außergewöhnlichem Tempo.

Ob das machbar ist oder nicht, hängt an der Kapazität existierender politischer und ökonomischer Institutionen, es zu ermöglichen. Die Ökonomie und Regulierung der Stromerzeugung sind extrem kompliziert, aber einige wesentliche Elemente, von denen jedes die Aussichten auf rasche Dekarbonisierung beeinflusst, lassen sich identifizieren. Da ist zum einen die Regulierungsumgebung, die seit den achtziger Jahren den größten Teil des globalen Nordens bestimmt. Politiker und Entscheidungsträger, die stark vom Revival der neoklassischen Ökonomie und Ideologien der freien Märkte beeinflusst sind, haben den Energiesektor in der Hoffnung umstrukturiert, dass der Wettbewerb einerseits die Preise drücken und den Konsumenten so nützen wird und andererseits die Produzenten zwingt, in überlegene Technologien und Dienste zu investieren, um ihren Marktanteil und ihre Profitabilität zu wahren. Das ist eine Win-Win-Vision des »ökonomischen Lebens«, in der Märkte souverän sind, Transparenz regiert und niemand seine schiere Macht ausnutzen kann.

In der Verfolgung dieses Traums haben Regulatoren begonnen, die diversen Bestandteile des Energiesektors zu entbündeln (den Groß- vom Einzelhandel zu trennen), um Monopolmacht zu beschränken und Marktmechanismen zu installieren. Die Folge ist ein Energiemarkt, der in einer hoch volatilen und kompetitiven Marktumgebung agiert. Die hauptsächlichen »Kunden« auf diesem Markt sind die Energie-Einzelhändler. Der Großhandelspreis des Stroms wird durch eine ganze Reihe von Faktoren beeinflusst, zu denen Finanzspekulation gehört und auch die Schwierigkeit, vorherzusagen, wo und wann Strom gebraucht werden wird. Die Volatilität steigert sich noch angesichts der Preisschwankungen bei den fossilen Energieträgern (besonders deutlich seit der Invasion der Ukraine), was allerdings eine eingebaute Absicherung für Nichterneuerbare darstellt: Wenn die Strompreise in den Keller gehen, dann zum Teil auch deshalb, weil die Treibstoffpreise ebenfalls gesunken sind, so dass also die Profite gewahrt bleiben – ein Vorteil, den die Erneuerbaren nicht genießen.

Dann sind da die konkreten Idiosynkrasien der realen Stromerzeugung. Wind- und Solar-Farmen haben vergleichsweise hohe Baukosten, aber vergleichsweise niedrige Betriebskosten, da ihre Stromquelle gratis ist. Die Baukosten amortisieren sich erst im Lauf von zehn oder zwanzig Jahren. Diese Logik, plus die relative Neuheit der Erneuerbaren, macht solche Projekte besonders verwundbar durch die Launen und Affekte von Investoren. »Die Finanzierung ist der ultimative Engpass«, schreibt Christophers, »der Punkt, an dem die Entwicklung der Erneuerbaren am häufigsten auf Dauer blockiert wird.« Investoren wählen nicht zwischen »sauberer« und »schmutziger« Stromerzeugung, sondern beurteilen Gelegenheiten in einem großen Bereich von Anlagekategorien. Die einzige Sorge des Kapitalisten ist es, wie Marx festgestellt hat, wie er Geld in mehr Geld verwandeln kann, und es ist nicht sicher, dass Erneuerbare ein gutes Vehikel für diese Verwandlung sind, egal, wie billig man ihre Erzeugung betreiben kann.

Das Problem aus Sicht der Investoren ist, was man im Englischen als »bankability« bezeichnet: Investoren erwarten größtmögliche Sicherheit in Bezug auf den Ertrag, den ihre Anlagen abwerfen. Erwartet man hingegen von ihnen, dass sie Unsicherheit in Kauf nehmen, lassen sie sich das mit saftigen Prämien vergüten. Die besondere Herausforderung für den Sektor der Erneuerbaren besteht darin, die Investoren davon zu überzeugen, dass auf einem Markt mit stark schwankenden Preisen, niedrigen Markteintrittsbarrieren und keinerlei stabilen Erträgen zuverlässig hohe Renditen zu erzielen sind. Ausgerechnet die Maßnahmen, die eingeführt wurden, um die Stromkosten zu senken – Marktöffnung und Wettbewerb – haben den Finanzsektor jedoch misstrauisch gemacht. Immer wenn es den erneuerbaren Energien gut zu gehen scheint, drängen neue Anbieter auf den Markt und drücken die Preise und damit die Gewinne, bis die Investoren wieder kalte Füße bekommen. Was die Anleger wollen, ist Preisstabilität oder zumindest Vorhersehbarkeit. Risiko ist eine Sache, fundamentale Unsicherheit eine andere.

Branchen, die sich durch einen hohen Konzentrationsgrad, eine seit langem bestehende Monopolstellung und staatliche Unterstützung auszeichnen, lassen sich viel leichter in Finanzmodelle einbeziehen, weil es weniger Unbekannte gibt. Unter dem Gesichtspunkt der Dekarbonisierung sind die erfolgreichsten politischen Maßnahmen, die in *The Price is Wrong* untersucht werden, nicht diejenigen, die den Strompreis senken, was im Interesse der Verbraucher wäre, sondern diejenigen, die ihn zum Nutzen der Investoren stabilisieren. In der Zwischenzeit bleibt die Förderung und Verbrennung fossiler Brennstoffe ein zuverlässigerer Weg, um Renditen in einer Höhe zu erwirtschaften, wie sie die Börsen und die Banken als selbstverständlich erwarten.

Denn hier handelt es sich um einen Wirtschaftszweig mit dominanteren Akteuren und deutlich höheren Marktzutrittsschranken, der lange vor dem Einsetzen des Trends zur Marktöffnung etabliert (und finanziert) worden war. Trotz der überschwänglichen Begeisterung über die sinkenden Kosten für Solar- und Windenergie bezweifelt Christophers, »dass es irgendwo auf der Welt auch nur ein einziges Beispiel für eine wirklich substantielle Anlage zur Nutzung erneuerbarer Energien gibt, die keinerlei Unterstützung erhält«. Besonders ärgerlich ist, dass, solange Strom aus Erneuerbaren subventioniert werden muss, das dafür aufgewandte Geld nicht etwa als Ersparnis bei den Verbrauchern ankommt. Es erhöht vielmehr die Gewinne der Entwickler und landet in den Portfolios der Vermögensverwalter. Paradoxerweise hat die Ideologie, die freie Märkte und eine Kultur des Unternehmertums (gegen Konglomerate und Monopole) gefördert hat, die Abhängigkeit dieses Sektors vom Staat verstärkt. Christophers zieht daraus die Lehre, dass Elektrizität »von vornherein kein geeignetes Objekt für die Vermarktung und Gewinnerzielung war und ist«. Aus ökologischer Sicht hätte der Neoliberalismus kaum zu einem schlechteren Zeitpunkt kommen können.

Was aber kann man tun? Solange die Finanzmärkte das Sagen haben, ist die Hoffnung, die Strommärkte würden die Energiewende vorantreiben, offensichtlich vergebens. Die von der US-Regierung in den letzten Jahren favorisierte Option wird euphemistisch als »De-Risking« bezeichnet. Tatsächlich heißt das, dass die Renditen, die Investoren zu erwarten haben, durch Steuergutschriften und andere Subventionen aufgestockt und garantiert werden. Der Inflation Reduction Act, den Biden im Sommer 2022 unterzeichnete, verspricht die gigantische Summe von 369 Milliarden Dollar für Anreize dieser Art über einen Zeitraum von zehn Jahren. Damit wird zumindest der Tatsache Rechnung getragen, dass ein Großteil der Macht, die Zukunft zu gestalten, in den Händen von Vermögensverwaltern und Banken liegt und dass es ihre Berechnungen (und nicht die der Verbraucher) sind, die darüber entscheiden werden, ob der Planet brennt oder nicht.

Eigentlich gibt es keinen ökonomischen Grund dafür, weshalb eine Investitionsrendite von 15 Prozent als »normal« angesehen werden sollte. Und zugleich ist nichts objektiv Schlechtes an einem Projekt, das stattdessen nur sechs Prozent einbringt. Dass die Anleger wählen können, welche der beiden Optionen sie bevorzugen, ist das Problem, wie Christophers deutlich macht.

Und keine Regierung wird BlackRock in nächster Zeit dazu zwingen können, weniger Geld zu verdienen. Wo das »De-Risking« weiterhin versagt, ist der Wechsel von Zuckerbrot zu Peitsche: Die grünen Steuergutschriften sind an erschreckend wenige Bedingungen geknüpft, von angemessenen Strafen für diejenigen unter denen, die davon profitieren, aber weiterhin auch in fossile Brennstoffe investieren, erst gar nicht zu reden.

Die ehrgeizigere, politisch aber kaum durchsetzbare Option wäre ein umfassender *Green New Deal*, bei dem der Staat einen Großteil der Kosten und Risiken im eigenen Haushalt verbucht. Bestünde ein allgemeiner Konsens darüber, dass sich Strom nicht wie eine typische Ware verhält und dass die Dringlichkeit der Dekarbonisierung alle engen Kosten-Nutzen-Kalkulationen übersteigt, läge der Schritt nahe, sich ganz von den Märkten zu verabschieden. Es könnte dann so etwas wie eine Kriegsmobilisierung stattfinden, bei der der Staat seine finanzielle Glaubwürdigkeit bis zum Äußersten ausreizt, um in dem Tempo in Erneuerbare zu investieren, das der Klimanotstand erfordert. (Zumindest solange niemand erwartet, dass dies dem Staat Geld einbringt, wie es das von Labour-Chef Keir Starmer vorgeschlagene Projekt »Great British Energy« voraussetzt.)

The Price is Wrong lässt sich mit gutem Grund als dritter Teil einer Trilogie verstehen. Schon in *Rentier Capitalism* (2020) und *Our Lives in Their Portfolios* (2023) bemühte sich Christophers darum, zu verstehen, welche Logik der Profitmaximierung durch Thatcher und Reagan befördert wurde, und die Bedingungen infrage zu stellen, unter denen der Gesellschaft Privatisierung und Ökonomisierung verkauft worden sind. Die Mechanismen des Elektrizitätssektors haben einige Gemeinsamkeiten mit anderen Fällen, die der Autor in den letzten Jahren unter die Lupe genommen hat, darunter Wohnungsbau, Outsourcing öffentlicher Dienstleistungen, Pflegeheime, Grund und Boden, Infrastruktur.

In all diesen Fällen wurden Güter, von denen eine Gesellschaft abhängig ist, zur vermeintlichen Förderung des marktwirtschaftlichen Wettbewerbsprinzips privatisiert. Das Ergebnis erinnert jedoch nirgends auch nur entfernt an einen »freien« Markt, vielmehr war von vornherein absehbar, wer die Nutznießer sein würden. Die Güter wurden auch keineswegs nur privatisiert. Tatsächlich wurden sie »verwertet«, indem man sie in ihre Bestandteile zerlegt, quantifiziert und in einer Weise gemanagt hat, die den Kalkülen und Interessen von Kapitalgebern entgegenkommt. (Im Fall der erneuerbaren Energien erwies sich diese Aufgabe allerdings als ungewöhnlich tückisch – häufig genug stellte es sich als unmöglich heraus, überhaupt nur die erforderlichen Turbinen und Solarzellen herzustellen.) Der Finanzsektor bemüht für seine Geschäfte die Rhetorik des Risikos, doch in Wahrheit sucht er nach Konstellationen, in denen ein bestimmtes Renditeniveau festgeschrieben, die Rentabilität also letztlich garantiert ist. Sektoren mit minimalem Wettbewerb oder solche, aus denen sich der Staat nicht völlig zurückziehen kann, eignen sich dafür hervorragend. Im Englischen wird abfällig von »Rent-Seeking« gesprochen, wenn es um ungewöhnliche und illegitime Formen von Profitmacherei geht. *The Price is Wrong* legt den beunruhigenden Gedanken nahe, dass das Rent-Seeking schlicht die Art und Weise sein könnte, wie der Kapitalismus – zumindest in seiner aktuellen Form – bevorzugt funktioniert.

Die Auswirkungen zeigen sich überall um uns herum, ob im wachsenden Reichtum der Finanzeliten, im verwahrlosten öffentlichen Raum, im unbezahlbaren Wohnraum oder in den fortgesetzten Investitionen in Technologien, die uns schaden, wie zum Beispiel kohlebetriebene Generatoren. All dies dem »Markt« zuzuschreiben, als hätte den niemand erschaffen und als gäbe es darin keine Machtzentren, schreibt nur die Unfähigkeit fort, ihn zu verstehen. Der Kapitalismus verfügt, anders als die Märkte, über Kommandozentralen. Der Kapitalismus versteckt sich, anders als die Märkte, hinter Komplexität. Und doch impliziert *The Price is Wrong*, im Widerspruch zu seinem Untertitel, dass eine Form des Staatskapitalismus den Planeten retten könnte und vielleicht sogar unsere größte Hoffnung darstellt. Nur sind zu viele politische Entscheidungsträger immer noch blockiert, wenn es darum geht, sich von der liebgewonnenen Vorstellung zu verabschieden, nach der der Markt uns schon ans gewünschte Ziel bringen wird, ohne dass wir dabei von außen planend eingreifen müssten.

Keynes hoffte auf die »Euthanasie der Rentiers«. Er war in erster Linie ein Liberaler, er war aber auch ungewöhnlich wachsam in Bezug auf die Frage, ob der Kapitalismus den Idealen des Liberalismus nicht womöglich entgegenarbeitet. *The Price is Wrong* veranschaulicht ein zentrales Problem des Kapitalismus aus keynesianischer Sicht, nämlich die Tatsache, dass es nicht nur ein Preissystem gibt, sondern zwei. Es gibt den Preis von Gütern (zum Beispiel ein Megawatt Strom), der durch Angebot und Nachfrage von heute bestimmt wird, und den Preis von Finanzanlagen (zum Beispiel das Recht auf den Ertrag an Strom aus einem Windpark), der durch die Erwartungen für morgen bestimmt wird. Diese Erwartungen werden durch Stimmungen, Konventionen, Politik und Kultur bestimmt. All diese Faktoren sind formbar, aber dazu braucht es zentrale Behörden, die bereit sind, diese Aufgabe ernsthaft anzugehen. Für die Rentiers waren die Mythen vom »freien Markt« und dem »Unternehmertum« ein Geschenk. Sie boten eine Rahmenerzählung, die es möglich machte, übermäßig hohe Gewinne als Ausdruck von Innovation und Mut darzustellen und sie nicht als das anzusehen, was sie wirklich sind: ein politisches Arrangement, das niemand infrage zu stellen wagt. Es gibt keinen Mangel an Finanzkapital, um die Energiewende zu unterstützen, nur ein lähmendes Beharren auf den dafür geforderten Belohnungen.

Der Kapitalismus in dieser nackten, »marktfeindlichen« Form ist nicht zu rechtfertigen. Seit der globalen Finanzkrise haben führende Politiker der politischen Linken immer wieder versucht, auf diese Tatsache hinzuweisen. Jeremy Corbyn und Bernie Sanders nutzten ihre jeweiligen Plattformen, um ein System zu benennen und anzuprangern, das ausnimmt, ohne irgendeine Gegenleistung zu versprechen. Ed Miliband nahm für seine Rede auf dem Labour-Parteitag 2011 die Braudel'sche Unterscheidung zwischen wirtschaftlichen »Raubtieren« und »Produzenten« auf. Das war zu viel für die auf Raubtiere ausgerichteten britischen Zeitungen und zugleich zu nuanciert, um im Trubel von Westminster lange zu überleben. Miliband ist nach wie vor der letzte Vorposten dieser Art von kritischem Denken im britischen Schattenkabinett (nach Starmers Kehrtwende in Bezug auf seine Zusage, 28 Milliarden Pfund pro Jahr für die Dekarbonisierung auszugeben, titelte eine Website der Konservativen Partei spöttisch »Wo ist Ed?«), und er ist der einzige prominente Politiker, der für Analysen wie die von Christophers empfänglich ist, die von der postcorbynistischen Denkfabrik Common Wealth weiterhin in seine Richtung gelenkt werden.

Kurios an dieser Kritik ist, wie viel sie Keynes zu verdanken hat und wie wenig Marx. Die zentralen Mängel des heutigen Kapitalismus sind ihr zufolge, dass die Industrie zu wenig auf den Wert der Arbeit setzt und dass technologische Innovationen fehlen. Stattdessen scheint der Kapitalismus von einem Finanzdenken beherrscht, das jedes denkbare Feld dominiert und umgestaltet, vom Wohnungsbau bis hin zu den Universitäten, von öffentlichen Infrastrukturinvestitionen bis hin zum Gesundheitswesen. Die produktive Wirtschaft stagniert, während durch Allianzen von elitären Rechts- und Finanzdienstleistungsunternehmen Gewinne aus jeder verfügbaren sozialen und öffentlichen Einrichtung herausgepresst werden, indem man Vermögenswerte extrahiert und Eigentumsrechte erweitert. Unter liberalen Ökonomen und Experten besteht mittlerweile immerhin Konsens darüber, dass der westliche Kapitalismus von einer »säkularen Stagnation« betroffen sei. Christophers geht noch einen Schritt weiter, indem er darlegt, wie es dem Kapitalismus gelingt, trotz fehlender Produktivitätssteigerungen und fehlendem Wohlstand zu gedeihen.

Anlass zu einer gewissen Hoffnung gibt die Erfahrung, dass diejenigen, die den Antimarkt unerträglich finden, hin und wieder einfallsreich genug sind, um eigene Ausweichrouten zu finden. Das akademische Verlagswesen etwa ist eines der ungeheuerlichsten Ausbeutungssysteme überhaupt. Wissenschaftler, Redakteure und Gutachter arbeiten kostenlos, damit große, durch das Urheberrecht geschützte Konglomerate mehrere Tausend Pfund pro Jahr für den digitalen Zugang zu Zeitschriften verlangen können, die für Bibliotheken unverzichtbar sind. Die Gewinnspannen der großen Wissenschaftsverlage belaufen sich auf bis zu 40 Prozent – das würde sogar den Chef von Shell erröten lassen. Dementsprechend groß war die Resonanz auf Projekte wie die gemeinnützige Open Library of Humanities, die 2013 von Wissenschaftlern der Londoner Birkbeck University gegründet wurde und inzwischen dreiunddreißig Open-Access-Zeitschriften pro Jahr veröffentlicht. Wenn der Kapitalismus das Problem ist, und nicht die Märkte, dann ist die einzige Alternative der Postkapitalismus.

Nur besteht die Besonderheit der Klimakrise nun einmal darin, dass die Zeit sehr knapp ist und die politische Herausforderung mit jedem Tag größer wird. Die Notwendigkeit, so schnell wie möglich zu handeln, bringt unsere gewohnten politischen und moralischen Koordinaten durcheinander. Sie zwingt uns, über die politischen und ökonomischen Lösungen hinauszuschauen, auf die wir normalerweise unsere Hoffnungen setzen, und stattdessen diejenigen wohlwollender zu betrachten, die als »realistisch« angesehen werden.

Es reicht nicht aus, darauf zu warten, dass sich Lösungen von unten nach oben entwickeln, sei es durch Aktivisten oder durch die Märkte. Nur der Staat hat die Macht, das Geld und die Koordinierungsfähigkeit, um Investitionen in ausreichendem Umfang und Tempo in den Sektor der erneuerbaren Energien zu lenken. In der Praxis ist die Unterscheidung zwischen einem »risikoarmen« Staat (der die Gewinne des Privatsektors aufstockt) und einem Green New Deal (der neue öffentliche Infrastrukturen aufbaut) möglicherweise weniger klar, als es auf dem Papier scheint. Es geht jetzt wie schon seit Jahrzehnten darum, so weitreichend und so schnell wie möglich zu handeln.

Aus dem Englischen von Christian Demand und Ekkehard Knörer

Literaturkolumne

Kaum auszudenken

Von Hanna Engelmeier

Es gibt in Berlin exakt 438 Cafés, die dafür in Frage kommen, ein Vorgespräch für eine Buchvorstellung zu führen, aber wir haben uns in der Caféteria der Akademie der Künste am Pariser Platz getroffen (überteuert, zugig), so konnten wir vorher noch die Ausstellung von Gundula Schulze Eldowy und Robert Frank anschauen (Schulze Eldowy natürlich interessanter).[1] Das spielte nur insofern eine Rolle, als wir im Gespräch schnell zum Wesentlichen kommen mussten, weil nicht mehr so viel Zeit bis zum nächsten Termin von Frank Witzel blieb, dessen neues Buch *Meine Literaturgeschichte des 20. Jahrhunderts* gerade erschienen war.[2]

Das Wesentliche führte er ganz dezent ein, indem er auf eine Rezension verwies, die zum Vorläuferprojekt des Buchs vor knapp einem Jahr in der *Süddeutschen Zeitung* erschienen war. Der ehemalige Verleger des Hanser Verlags, Michael Krüger, selbst Autor, Impresario und insofern literaturbetriebliche Entität ersten Ranges, hatte darin den Essay *Von aufgegebenen Autoren. 100 Vergessene, Verkannte, Verschollene* begeistert besprochen und als Gegenkanon behandelt,[3] der von einem, der sich aber *wirklich* auskennt und vor dem keine Antiquariatskiste, kein Bücherschrank, kein Koffer auf irgendeinem Dachboden, kein Archiv sicher ist, in mühevoller Kleinarbeit zusammengetragen wurde. Er frage sich immer noch, sagte Witzel, ob so ein eminenter Fachmann wie Michael Krüger nicht bemerkt habe, dass ungefähr 90 Prozent der Autorinnen und Autoren, die nun auch in *Meine Literaturgeschichte des 20. Jahrhunderts* in kurzen Biobibliografien vorgestellt werden, frei erfunden seien. Seine Rezension lasse das in der Schwebe.

Wie außerordentlich höflich kann man sein? Durch die Erzählung dieser Anekdote, mit der Witzel den erfolgreichen Bluff als Kernidee des Buchs darlegte, verschaffte er mir Gelegenheit für eine kurze Umbaupause im Kopf. Ja, ganz erstaunlich, erwiderte ich großzügig, dabei kennt sich Michael Krüger doch wirklich gut aus, wäre ja toll, wenn das Konzept des Buchs so aufgegangen ist. Schnell ging ich im Kopf meine vorbereiteten Fragen und Themen für die Lesungsvorbereitung durch, doch, das würde gehen, irgendwas zum Verhältnis fiktionales und faktuales

1 Profi-Tipp: Wenn man sich nicht so gut kennt, einfach immer in entgegengesetzten Richtungen den Gang durch die Ausstellung antreten, dann vermeidet man, gemeinsam vor der Fotografie zu landen, die die Fotografin mit Selbstauslöser von sich und ihrem Partner im Bett machte, seine Erektion im Goldenen Schnitt verewigt.

2 Frank Witzel, *Meine Literaturgeschichte des 20. Jahrhunderts*. Berlin: Matthes & Seitz 2024.

3 Frank Witzel, *Von aufgegebenen Autoren. 100 Vergessene, Verkannte, Verschollene*. In: *Schreibheft*, Nr. 100, 2023.

Schreiben würde ich mir auf die Schnelle schon noch ausdenken können.

Kurze Zeit später sahen wir Michael Krüger ein paar Meter weiter telefonierend durchs Foyer der Akademie gehen, als sei ein Geist herbeigerufen worden. Nach Ende seines Telefonats trat er heran und strich zur Begrüßung Witzel über die Glatze. Stimmt das? Rückblickend kommt es mir zumindest plausibel, wenn auch unwahrscheinlich vor. Ebenso kann es sein, dass mir meine Erinnerung den Satz »Wir haben gerade über Sie gesprochen« ins Gedächtnis halluziniert, jedenfalls weiß ich nicht mehr, wer von uns ihn gesagt haben könnte. Ein Austausch zwischen den beiden Männern folgte, dessen Inhalt in dieser Zeitschrift natürlich an genau der richtigen Stelle wäre, aber aus Diskretion ausgespart bleiben soll.

Dezent beschwieg ich auch, was Krüger und mich verband: Durch den Namen des Verfassers von *Meine Literaturgeschichte des 20. Jahrhunderts* in Sicherheit gewiegt, hatten wir beide offenbar nicht einmal Google bemüht, um nachzuschauen, wie es sich zum Beispiel mit der sagenhaften »Schreibschule für junge Frauen« verhielte, die 1952 »in einem alten Bauernhof bei Blaubeuren« ihren Betrieb aufnahm und heute bedauerlicher-, aber doch *bezeichnenderweise* vergessene Autorinnen wie »Dorothea Remmle, geb. am 15.10.1939 … gest. am 28.5.1958 dortselbst« ausbildete – sollte es sie gegeben haben, kennt ihr Werk zumindest der Katalog der Deutschen Nationalbibliothek nicht, in dem doch jedes Druckerzeugnis aus Deutschland oder über Deutschland archiviert wird, das seit 1913 in einer Auflage von über fünfundzwanzig Stück erschienen ist.

Witzels Literaturgeschichte, die auf 230 Seiten nach einem assoziativen Prinzip eine Biografie an die andere reiht, bietet in einem ihrer zwei Tafelteile sogar ein Foto von Remmle an, auf dem man sie angeblich mit anderen Schülerinnen des Blaubeurer Instituts bei der Beerdigung ihres Mentors »Diethard Ockel, geb. am 16.8.1901 in Beuren, gest. am 28.5.1957 in Blaubeuren« betrachten kann. Aus der bei Witzel angegebenen Bibliografie Remmles: »*Gnadenlose Nacht* (1932), *Sendungsbewußtsein* (1935), *Ariadnes verwirrter Faden* (1952)«. Michael Krüger verabschiedete sich liebenswürdig und mutmaßlich unaufgeklärt.

Wenn Sie nun Namen wie Diethard Ockel lesen und Titel wie *Ariadnes verwirrter Faden* und sich fragen, wie man das für bare Münze nehmen kann, dann sei einerseits darauf verwiesen, dass Michael Krüger und ich vielleicht einfach die schöneren Seelen als Sie sind und Interesse daran haben, erst einmal anzunehmen, dass Frank Witzel uns die Wahrheit sagen will (will er ja auch, glaube ich). Andererseits ist es eben nicht unplausibel, dass es einmal eine Schreibschule für junge Frauen in Blaubeuren gegeben hat, nach der heute kein Hahn mehr kräht, und dass es Autorinnen gab, die Dorothea Remmle hießen und fantastische Bücher geschrieben haben, deren früher Tod und schwache Kanonisierung jedoch dazu führt, dass die Kenntnis ihres Werkes eine der Wissenslücken darstellt, über deren Beschaffenheit oder Zustandekommen man nur langsam oder oft gar nicht aufgeklärt wird.

Zuletzt hat Nicole Seifert einiges dafür getan, dem entgegenzuwirken. Vor drei Jahren fasste sie in dem Buch *~~Frauen~~Literatur* ihre Hauptkritik an einer männlichen Literaturgeschichte so zusammen: »Die Großkritiker wollen in ihrem Kanon keinen Rabatt geben, keinen ermäßigten Tarif, und merken dabei nicht, dass sie genau das tun: Freifahrtscheine vergeben für das, was schon immer dabei war. Die Werke von Autorinnen seien eben, soweit es sie überhaupt gegeben habe, bedauerlicherweise nicht ›stilprägend, typisch, populär‹ gewesen. Im Kern werden zwei Behauptungen bemüht: 1. Frauen hätten kaum geschrieben. 2. Was sie geschrieben haben, sei leider von mangelhafter Qualität und könne nicht mithalten mit den Werken der Männer. Beides ist falsch.«[4]

Seifert konnte sich bei ihren Ausführungen auf die Arbeiten einer feministischen oder zumindest überhaupt an Geschlechterfragen interessierten Literaturwissenschaft verlassen, die nicht erst seit 2021 die von Seifert genannten Probleme bearbeitet.[5] Ungewöhnlich an ihrem Buch war jedoch die Form eines an ein breites Publikum gerichteten Sachbuchs auf akademischer Grundlage – das, was die Historikerin Nina Verheyen »Fachsachbuch« nennt.[6] Während Fachsachbücher erfolgreich Themen der Geschichtswissenschaft, Soziologie oder Politikwissenschaft aufgreifen, erscheinen Bücher, die sich wie Seiferts *~~Frauen~~Literatur* literarische Institutionen, Rezeptionsästhetik oder Kanonisierung vornehmen, zumindest im deutschen Sprachraum (noch) eher selten; gut etabliert und verkäuflich hingegen sind Biografien kanonisierter Schriftsteller.[7]

Mit ihrem im Februar erschienenen Buch *»Einige Herren sagten etwas dazu« – Die Autorinnen der Gruppe 47* bietet Seifert nun eine Vertiefung ihres in *~~Frauen~~Literatur* entworfenen Programms an, das damit endete, Vorschläge für einen Umbau des literarischen Feldes und insbesondere seiner Wahrnehmung in Kritik und Literaturwissenschaft zu machen.[8] Diese Vorschläge mit Blick auf die literarische Gruppierung umzusetzen, die zwar bereits als *sausage fest* der Extraklasse bekannt ist,[9] aber eben auch und vor allem

4 Nicole Seifert, *~~Frauen~~Literatur. Abgewertet, vergessen, wiederentdeckt*. Köln: Kiepenheuer & Witsch 2021.

5 Von den wichtigen deutschen Vertreterinnen der deutschen feministischen oder zumindest feministisch gut informierten Literaturwissenschaft zitiert Seifert etliche, u.a. Silvia Bovenschen, Ursula Heukenkamp oder Inge Stephan.

6 Nina Verheyen, *Wer schreibt Geschichte für wen? »Fachsachbücher« in Geschichtskultur und Geschichtswissenschaft*. In: Cord Arendes u.a. (Hrsg.), *Geschichtswissenschaft im 21. Jahrhundert. Interventionen zu aktuellen Debatten*. Berlin: de Gruyter 2020.

7 Marcel Lepper verweist in der deutschsprachigen Literatur auf Thomas Mann, Robert Musil oder Christoph Martin Wieland und weist auf die erheblichen Bedeutungsunterschiede von Biografien bei Publikum und Forschung hin: »Bemerkenswerter ist, dass diese Bücher im Forschungs- und Lehrbetrieb kaum eine Rolle spielen, während sie in der Öffentlichkeit als Meisterleistungen eben dieses Betriebs gefeiert werden.« Marcel Lepper, *Neue Literaturgeschichte. Ein Darstellungsproblem und drei Auswege*. In: *Merkur*, Nr. 891, August 2023.

8 Nicole Seifert, *»Einige Herren sagten etwas dazu«. Die Autorinnen der Gruppe 47*. Köln: Kiepenheuer & Witsch 2024.

9 #NotAllSausages: Die Gruppe 47 war insgesamt nur für eine Sorte Teilnehmer gedeihlich. Frauen gehören nicht dazu, einige Männer aber auch nicht. Zu ihnen gehört beispielsweise Paul Celan, der beim Treffen der Gruppe 1952 in Niendorf erstmals sein Gedicht *Todesfuge* vortrug und von den anwesenden Autoren (teils engmaschig in den Nationalsozialismus verstrickt und

als Extraklasse, ist eine naheliegende, deshalb aber keine schlechte Idee.

Ganz im Gegenteil: Denn es gibt zwar zu den wenigen Autorinnen, die dabeiwaren, und der noch geringeren Zahl derer, die weiterhin auch außerhalb der Literaturwissenschaft gelesen werden (Ingeborg Bachmann, vielleicht auch Ilse Aichinger), schon einiges an Sekundärliteratur, Essays, Radiobeiträgen oder Filmen (im Fall von Gisela Elsner und Ilse Aichinger zumindest auch Letzteres). Aber eine germanistische Überblicksdarstellung lag als Monografie bislang nur in Form der Dissertation von Wiebke Lundius aus dem Jahr 2017 vor.[10]

Das mag auch daran liegen, dass Geschlecht allein als Kategorie wohl nicht ausreicht, um Texte unterschiedlicher Gattungen mit diversen Themen in den Griff zu kriegen, die von den Nachwirkungen der Gewalt des Nationalsozialismus im familiären Mikroklima bis hin zu Reiseberichten reichen. Und wer einen methodisch avancierten, an literaturwissenschaftlichen Programmen wie Netzwerkanalyse, Medienpraktiken oder poetologischen Verfahren orientierten Zugriff erwartet, wird in Seiferts *»Einige Herren sagten etwas dazu«* enttäuscht werden.[11]

Das Verdienst des Buchs ist ein anderes: Es eröffnet mit seinem chronologischen und an einzelnen Autorinnen ausgerichteten Aufbau und mit seiner klaren, jargonfreien Sprache einem breiten Publikum einen Zugang zu der Frage danach, wie die Zuschreibung des weiblichen Geschlechts zu einer Voraussetzung für die Bewertung von Literatur wird. Unübersehbar wird in der Folge, welche Konsequenzen dies für die Zusammensetzung der Gruppe und deren Wahrnehmung beim Publikum und ihrer langfristigen Rezeption als literarisches Phänomen hatte. Sofern man sich zumindest davon überzeugen lässt, es bei der Gruppe 47 mit einem bedeutenden Teil des kulturellen Lebens in der Bundesrepublik nach

durch unterschiedlich aufrichtige Versuche aufgefallen, sich damit auseinanderzusetzen) hart angegangen wurde. Ingeborg Bachmann beschrieb ihren Eindruck so: »Am zweiten Abend wollte ich abreisen, weil ein Gespräch, dessen Voraussetzungen ich nicht kannte, mich plötzlich denken ließ, ich sei unter deutsche Nazis gefallen.« Zit. n. Cornelia Epping-Jäger, *»Diese Stimme mußte angefochten werden«. Paul Celans Lesung vor der Gruppe 47 als Stimmereignis*. In: Günter Butzer / Joachim Jacob (Hrsg.), *Berührungen. Komparatistische Perspektiven auf die deutsche Nachkriegsliteratur*. München: Fink 2012. Den Antisemitismus in der Gruppe 47 hat vor allem Klaus Briegleb thematisiert: *Mißachtung und Tabu. Eine Streitschrift zur Frage: »Wie antisemitisch war die Gruppe 47?«*. Berlin: Philo Verlag 2003.

10 Wiebke Lundius, *Die Frauen in der Gruppe 47. Zur Bedeutung der Frauen für die Positionierung der Gruppe 47 im literarischen Feld*. Berlin: Schwabe 2017. In der Frühphase der Forschung zur Gruppe 47, die mit Heinz Ludwig Arnolds *text+kritik*-Band 1980 Fahrt aufnahm, gingen in dem von Jürgen Schutte herausgegebenen Katalog zur Ausstellung *Dichter und Richter. Die Gruppe 47 und die deutsche Nachkriegsliteratur* in der Berliner Akademie der Künste vom 28. Oktober bis 7. Dezember 1988 sowohl Irmela von der Lühe als auch Ingrid Bachér gesondert auf die Rolle der Frauen ein.

11 Das gilt allerdings auch für die materialreiche und lesenswerte Dissertation von Wiebke Lundius, die vor allem dokumentarischen Anspruch erhebt und sich analytisch vor allem auf Bourdieus Habitus-Konzept stützt.

dem Zweiten Weltkrieg zu tun zu haben, kommt man um die Auseinandersetzung damit eigentlich nicht herum.

Dabei fehlte es auch in den vergangenen Jahren nicht an neuerer Literatur zur Gruppe 47 (Seifert kennt sie genau), die sich sowohl an die Fachgemeinschaft als auch an ein breiteres Publikum richtet.[12] Doch selbst diejenigen Beiträge, die bislang im wahrsten Sinne des Wortes Unerhörtes über die Gruppe 47 mitteilen,[13] interessieren sich wenig bis überhaupt nicht dafür, was wohl als ein allzu offenkundiges und damit lediglich mit Achselzucken zu würdigendes Phänomen gilt: die homosoziale Dominanz, die auch die Rezeptionsgeschichte noch nach mindestens einem Tabac-Original-Sprühstoß zu viel riechen lässt.[14] Hier kann Seifert ansetzen und durch die Möglichkeiten eines Fachsachbuchs ihre literaturwissenschaftliche Expertise mit ihrem Talent als Erzählerin verbinden.

Im ersten Kapitel des Buchs zeichnet Seifert die Entstehungsgeschichte der Gruppe 47 aus der Zeitschrift *Der Ruf* nach, die größtenteils von ehemaligen Soldaten herausgegeben wurde, unter ihnen Hans Werner Richter, der spätere Organisator der Treffen der Gruppe. Sie stellt aber auch gleich zwei der Autorinnen vor, die 1958 erstmals in Großholzleute im Allgäu ihre Texte zur Diskussion stellten. Ruth Rehmann und Ingrid Bachér erhielten nach ihren Lesungen vor der Gruppe sehr positive Rückmeldungen zu ihren Texten, die noch unveröffentlicht waren. In späteren Darstellungen dieser Tagung überstrahlte ihre Beiträge dann aber doch der Auftritt von Günter Grass, der Auszüge aus *Die Blechtrommel* las – und damit die Standardsituation für Frauen in der Gruppe 47 beschreibt.[15]

Das ist nicht nur deshalb schade, weil Bachérs Erzählung *Unaufhaltsam vor Jamaika*, »ein atmosphärisch dichter Text über eine Frau, die sich als eine von wenigen Reisenden auf einem Bananenfrachter nach Honduras befindet« (Seifert), einen ungewöhnlichen Stoff bearbeitet und sehr lesenswert klingt. Bachér wie auch Rehmann profitierten beide von ihrem Auftritt bei der Gruppe 47 – Rehmann wurde danach Suhrkamp-Autorin, Bachér erhielt Aufträge »bei den großen Feuilletons und Rundfunkanstalten«. Ein wiederentdeck-

12 Jörg Magenau, *Princeton 66. Die abenteuerliche Reise der Gruppe 47*. Stuttgart: Klett-Cotta 2016; Helmut Böttiger, *Die Gruppe 47. Als die deutsche Literatur Geschichte schrieb*. München: DVA 2012.

13 Jörg Döring, *Peter Handke beschimpft die Gruppe 47*. Universitätsverlag Siegen 2018.

14 Nach Selbstauskunft des Herstellers wird seit 1959 die »ideale Verschmelzung markanter Maskulinität und klassischer Dufteleganz [...] in den verschiedenen Duftwässern [der Produktlinie Tabac Original] unterschiedlich interpretiert.« Wie in der Literatur!

15 Seifert: »Im Jahr 1959 erschienen so viele große Romane, dass es als ›Wunderjahr‹ der Literatur wahrgenommen wurde. Die *Blechtrommel* wurde veröffentlicht und durchaus kontrovers diskutiert, was die Position der Gruppe 47 aber nur stärkte, die sich so als Vertreterin eines neuen Ansatzes positionieren konnte – gegen vergeistigte Dichtung, für eine neue gesellschaftskritische Literatur. Außerdem erschienen Heinrich Bölls *Billard um halbzehn* und Uwe Johnsons *Mutmaßungen über Jakob*. Ruth Rehmann wurde mit ihrem ebenfalls 1959 erschienenen Roman *Illusionen* bei diesem ›Wunder‹ nicht mitgezählt und wird bis heute nicht im selben Atemzug genannt, obwohl sie in diese Reihe gehören würde.«

ter Roman Bachérs aus den 1960er Jahren erschien noch 2019 im Münsteraner LIT-Verlag.[16]

Es kann also nicht unbedingt die Rede davon sein, dass die Teilnahme die Karriere der Autorinnen beschädigt hätte – und das ist auch gar nicht Seiferts Argument. In den Fällen der beiden gerade genannten Schriftstellerinnen, wie auch der im Folgenden behandelten Ilse Schneider-Lengyel, Barbara König oder Griseldis L. Fleming (um ein paar der weniger geläufigen Namen zu nennen), geht es ihr eher darum, zu zeigen, wie deren Texte in der Gruppe 47 diskutiert wurden, in welcher Weise sie danach rezipiert und kritisiert wurden und auf welche soziale Situation die Autorinnen in der Gruppe stießen.

Direkt dazu: »›Schöne Mädchen von 15 bis 45 für das Fest‹ bestellte Hans Werner Richter für die Tagung bei Walter Höllerer, dem Gastgeber der Tagung, die 1962 zum fünfzehnjährigen Bestehen der Gruppe in Berlin stattfinden sollte. Er ergänzte: ›Ich habe einen ganzen Stoß Ehefrauen ausgeladen, weil sie mich bei den Lesungen stören. Sie setzen sich immer ganz vorn hin und stören mich mit ihren gekreuzten Butterbeinen in meinem Halbschlaf.‹« Butterbeine nicht willkommen, Autorinnen, die Lust haben, neben ihren Texten vor allem ihr Aussehen, insbesondere ihre Frisur, zur Diskussion zu stellen, hingegen schon.

Beim Lesen des Buchs greint man irgendwann gequält »Bitte nicht schon wieder die Haare«, so sehr scheint die Wahrnehmung von Autorinnen darauf festgelegt. »Einige Herren sagten etwas dazu«, Ingeborg Bachmanns lakonische Zusammenfassung der Diskussion ihrer Texte bei der Gruppe 47 – bezog sie sich vielleicht am Ende doch auf ihr Make-up? Seifert schildert, wie insbesondere Gisela Elsner diesen Punkt aggressiv in ihr *self fashioning* integrierte. Nicht übel nehmen wollte auch Ilse Aichinger einen 1952 vom NDR-Intendanten Ernst Schnabel organisierten Überraschungstrip der Gruppe 47 in ein Bordell, wo sie gemeinsam mit Ingeborg Bachmann am Rand saß. 1951 fand Aichinger nach dem Fest der Herbsttagung bei der abendlichen Rückkehr in ihr Zimmer einen nackten Mann (Hans Werner Richter: »ein hoffnungsvoller junger Lyriker«) in ihrem Bett vor, während sich Heinrich Böll in einem Sessel in ihrem Zimmer schlafend stellte.

Mag sein: Das sind schwitzige Anekdoten, die als extreme Ausschläge eines Geschehens gelten können, das sich eben auch nicht unabhängig von damals gängigen Sexismen abspielte. Sie treten aber neben eine Form von Kritik, deren Wirkung die eben erwähnte Griseldis Fleming, über die Seifert von allen genannten Autorinnen am wenigsten herausfinden konnte, wie folgt zusammenfasste: »[…] nach dieser Bilanz, es blieb tatsächlich nichts, nicht einmal das Schwarze unter dem Nagel, kann ich nur dankbar sein und froh, endlich den Wert zu wissen, die Hoehe oder die Niederung auf der ich anzutreffen bin und dass nichts mehr erwartet wird, ja nie erwartet wurde«.[17]

Fleming hatte 1964 beim Treffen im schwedischen Sigtuna Lyrik vorgetragen,

16 Ingrid Bachér, *Robert oder das Ausweichen in Falschmeldungen*. Hrsg. v. Henriette Herwig, Sabrina Huber u. Denise Pfennig. Münster: LIT 2019.

17 Zit. n. Seifert, *»Einige Herren«*.

zuvor hatte sie erste Gedichte in der *Neuen Rundschau* und den *Lyrischen Heften* veröffentlicht. Daraus zitiert auch Seifert; wenn sich auch nicht sehr viel daraus ableiten lässt, so zumindest, dass ein Totalverriss, wie er zu den in der Gruppe 47 vorgetragenen Gedichten erfolgte, schwer zu begründen scheint – allerdings sind die in der Gruppe vorgetragenen Gedichte nie erschienen und auch von Seifert nicht aufzutreiben gewesen. Griseldis Fleming veröffentlichte 1985 in der Reihe »Neue Frau« bei Rowohlt noch einen Roman (*Donna. Sizilianische Frauenstunden*). Für zwei Euro ist er antiquarisch zu haben. Aber auch wenn alle Leserinnen und Leser dieses Textes nun bei medimops et al. zuschlagen: Als vergessen muss Fleming wohl schon gelten.

Man könnte behaupten, und damit spielt Witzel, dessen bedeutendstes Vorbild bei seiner Literaturgeschichte des 20. Jahrhunderts Roberto Bolaños fiktive Geschichte der *Naziliteratur in Amerika* ist, dass das Verschwinden und Vergessenwerden eigentlich der Normalfall literarischen Schaffens ist. Und er betrifft ja auch in der Gruppe 47 eher die Mehrheit der Männer, die dort als Autoren antraten. Hat sich zuletzt irgendjemand systematisch (oder von mir aus kursorisch) mit Peter Faecke (1940–2014, letzte Veröffentlichung 2013: *Der siebte Zwerg. Der fünfte Fall für Kleefisch*) beschäftigt? Armin Eichholz (1914–2007, 1990 Neuausgabe von *In flagranti. Parodien*) gelesen? Über Hans-Jürgen Soehring (1908–1960, hervorgetreten einzig 1948 mit dem Erzählungsband *Cordelia*) nachgedacht? Es ist möglich, aber selbst der sinkende Stern eines Autors wie Martin Walser, Gruppe 47-Alumnus des Jahres 1953, leuchtet noch immer heller als die der eben genannten.[18]

Das liegt zum einen daran, dass Walser sehr viel mehr und kontinuierlicher publiziert hat (begünstigt auch dadurch, dass er nicht wie Soehring im Alter von zweiundfünfzig Jahren ertrunken ist). Natürlich kann man aber auch danach fragen, ob er vielleicht einfach die besseren Texte geschrieben hat – oder anders formuliert: ob Walser seinen Ruhm, dessen Zustandekommen sicherlich auch auf seinen vielfach problematisierten politischen Interventionen beruht, möglicherweise eher *verdient* hat als die anderen Autoren.

Wer bis jetzt noch keine Zweifel an der Objektivierbarkeit der Kategorie »literarische Qualität« hatte, kann sie durch die Lektüre Seiferts nähren (schon das letzte Kapitel ihres Vorgängerbuchs *~~Frauen~~Literatur* war mit »Es zählt nur die Qualität! – Über ein fadenscheiniges Argument« betitelt). Mit jedem weiteren Beleg einer Rezension, in der das Äußere einer der Autorinnen der Gruppe 47 mit ihrem Schreiben überblendet wird, entsteht der Eindruck, dass einige Literaturkritiker ohne ein fotografisches Autorinnenporträt keine Rezension zustande bringen. Das ist insbesondere in den Fällen bestürzend, in denen in Nachrufen auf Autorinnen, deren letzte Werke vor gar nicht allzu lang zurückliegender Zeit erschienen sind, alte

18 »Wir können es uns heute schlecht vorstellen, aber es mag durchaus möglich sein, dass Martin Walser in fünfzig Jahren, wenn nach ihm auch seine heutigen Leser nicht länger existieren, nur noch hier und da als Name erinnert wird, wie gegenwärtig etwa Paul Wiegler. Einem viel größeren Teil von Autoren ist jedoch noch nicht einmal das vergönnt.« Witzel, *Meine Literaturgeschichte*.

Stereotype noch immer reproduziert werden, wie im Fall Renate Rasps.

Rasp hatte bei der letzten Tagung der Gruppe 47 in der Pulvermühle in Waischenfeld 1967 erstmals gelesen. In der *Süddeutschen Zeitung* war 2015 in einem kurzen, aber grundsätzlich anerkennenden Nachruf von ihr immer noch als »literarischer Domina« und »Belle Dame« die Rede.[19] Im selben Nachruf, der als wesentliches Element darauf verweist, dass Rasp bei der Buchmesse 1968 im Rahmen einer Lesung ihre Brüste entblößte, wird auf ihre literarische Verwandtschaft mit Gisela Elsner hingewiesen, über die es wie selbstverständlich heißt, dass diese »schon lange vor ihrem Selbstmord 1992 vergessen« gewesen sei.

Die Werkausgabe Elsners, die seit 2006 im Verbrecher Verlag erschien, und der nach Elsner benannte und 2021 erstmals verliehene Literaturpreis haben diesem Vergessen etwas entgegensetzt. Die Bereitschaft, ein Vergessen von Elsner, Rasp oder den vielen anderen von Seifert behandelten Autorinnen als Lauf der Dinge hinzunehmen und nicht als Ergebnis einer historischen Ungerechtigkeit zu erkennen,[20] ist jedoch ungebrochen. Und so klingen die Darstellungen der Biografien dieser Frauen bei Seifert teilweise nicht viel anders als die erfundenen Bio-Bibliografien bei Witzel, einzig mit dem Unterschied, dass man zumindest die Namen der Autorinnen der Gruppe 47 vielleicht schon einmal gehört hat.

Witzel baut durch seine Namensfiktionen ein »onomastisches System« auf, in dem der Eigenname als Milieu im biologischen Sinn fungiert, »ein wertvolles, verdichtetes, duftendes Objekt, das man öffnen muß wie eine Blume«.[21] Genau das gelingt bei Witzel dadurch, dass er seinen Bio-Bibliografien ein gewisses *flavour* verleiht, das er als einer der Popularisatoren des Phänomens »BRD Noir« stets aus drei Bestandteilen komponiert: Die Verbindung von überzeugenden Eigennamen (Witzel geht nach eigenen Angaben gern auf Friedhöfen spazieren, um Inspirationen zu sammeln), mittleren bis kleinen bundesdeutschen Städten (Pforzheim, Osnabrück, Euskirchen o.ä.) und die Nennung von genau richtig verblasen klingenden Titeln (*Herbsttag über der Bastion*, *Einhundert Sätze über den Rost*, *Unzufriedene Widmung* o.ä.) lassen eine Form entstehen, die mit immer neuen Stichworten befüllt werden kann. Gerade die Knappheit der Angaben setzt die Fantasie in Gang: Diethard Ockel aus Blaubeuren – sofort ist eine ganze Menge los.

Geschaffen wird damit aber auch eine Art Lebensroman des manischen Lesers Frank Witzel, der eben wirklich keine apokryphe Literaturzeitschrift in einem Archiv zerbröseln lassen kann und der

19 Willi Winkler, *Zickzack*. In: *SZ* vom 11. August 2015 (www.sueddeutsche.de/kultur/nachruf-zickzack-1.2603867).

20 Dass diese zumindest einigen Zeitgenossen der Autorinnen der Gruppe 47 nicht entging, thematisiert Seifert fairerweise auch und zitiert Günter Blöcker, der 1968 über Elsner schrieb: »einem männlichen Kollegen [hätte eine Elsnersche Radikalkritik sozialer Verhältnisse] gewiß den Ruf eines Talents von schonungsloser Wahrhaftigkeit und bedeutender Entlarvungskraft eingebracht«. Seifert, *»Einige Herren«*.

21 Roland Barthes, *Proust und die Namen*. In: Ders., *Proust. Aufsätze und Notizen*. Hrsg. v. Bernard Comment. Aus dem Französischen von Horst Brühmann u. Bernd Schwibs. Berlin: Suhrkamp 2022.

sich selbst unbedingt Rechenschaft darüber ablegen möchte, in welcher Weise sich sein eigener Stil gebildet hat. Das beinhaltet auch eine Frage nach der Ordnung der literarischen Landschaft, die er vorfand, als er zum Leser wurde – es ist dieselbe Landschaft, in der es mit der Rezeption der Gruppe-47-Autorinnen weiterging – oder eben, wie in sehr vielen Fällen, nicht.

Eine gar nicht kleine Rolle spielen in der von Witzel beinahe zu gut erfundenen Landschaft die »Zufrühgekommenen«.[22] Witzel berichtet von einem »Kreis von Ethnologen, Anthropologinnen, Künstlerinnen und Schriftstellerinnen, die [sich] nicht nur mit Matriarchiatsforschung und weiblichen Ansätzen der Psychoanalyse« beschäftigten, sondern auch mit Literatur, und Anfang der 1980er Jahre eine Zeitschrift namens *Nullnummer* planten, »aus der bedauerlicherweise und ohne dass ich heute noch den Grund dafür angeben könnte, am Ende doch nichts wurde«. Überzeugend wirkt dieser Entwurf auch dadurch, dass Witzel Traute Hentsch vom Verlag Roter Stern (die Lektorin gibt und den Verlag gab es wirklich) als die Person nennt, die ihm von dieser Gruppe berichtete. Der fingierte Auszug aus Carlotta Zampieris *Anfänge der Parabel* ist wunderbar, am besten, Witzel faltet ihn als nächstes zu einem vollständigen Roman aus.

Auch Seiferts Buch versammelt in gewisser Weise viele Zufrühgekommene. Die Frauen der Gruppe 47, die es wagten, sich in den 1950er Jahren mit Fragen des Alltags von Frauen zu beschäftigen, dabei auch das stets und ständig abgewertete Thema Mutterschaft und Familie bearbeiteten, Möglichkeiten von literarischer Introspektion auskundschafteten und diese als Komplement des Politischen etablierten, lägen heute auf der Höhe der Zeit. Das bedeutet im Übrigen nicht, dass sie sich nicht auch heute starker Kritik ausgesetzt sähen, so wie es damals schon der Fall war.

Dass es allerdings bereits damals Formen einer scharfen, dabei aber nicht auf Frisuren fokussierten Kritik gab, die die Autorinnen der Gruppe 47 auch aneinander übten, zeigt Seifert, wenn sie beispielsweise auf die beiden Texte verweist, die Ingeborg Drewitz im *Merkur* über Gabriele Wohmann geschrieben hat. Drewitz schätzt die Kollegin, aber ihre Literatur passt ihr doch nicht: »[…] die Larmoyanz und hilflose Zur-Schaustellung der diversen Ich-Erzählerinnen irritieren noch in der zynischen Maskierung, denn sie decken die Unsicherheit des Ich hinter den Maskierungen nur zu«.[23] Um so über eine Kollegin zu schreiben, mit der persönlich zusammenzutreffen in der Zukunft nicht unwahrscheinlich ist, braucht es einige Selbstsicherheit. Daran fehlte es auch anderen Autorinnen im Tonfall ihrer Texte nicht, wie Seifert zeigt. Sie legt

22 Witzel bezieht sich auf Rilkes Text *Über Kunst* [1898], der diesen Begriff einführt: »›Da wacht immer wieder Einer in der Menge auf, der in ihr keine Ursache hat und deren Erscheinen sich in breiteren Gesetzen begründet.‹ […] Nach Rilke ›redet Zukünftiges durch ihn‹, so dass ›seine Zeit‹ ihn beinahe zwangsläufig ›versäumt‹ und er erst nach Jahrhunderten, – ›wenn man seine Standbilder schon nicht mehr bekränzt und sein Grab vergessen ist und irgendwo grünt‹ – im Geist der Enkel zurückkehrt.«

23 Ingeborg Drewitz, *Sie drückt ganz schön fest zu aber sie lächelt ja. Die Prosa der Gabriele Wohmann.* In: *Merkur*, Nr. 317, Oktober 1974.

aber auch unmissverständlich dar, welchen Preis sie dafür vielfach zahlten.

Das kritische Projekt, das Seifert und Witzel einmal mit den Mitteln eines Porträts der Gruppe 47, einmal mit den Mitteln der Fiktion verfolgen, überlagert sich in dem Anliegen, die Dominanz der Erzählungen darüber aufzubrechen, was »die« Literatur einer bestimmten Zeit gewesen sei (Witzel hält sich wie Seifert vor allem in der zweiten Hälfte des 20. Jahrhunderts auf). Die heitere Ironie, die aus den liebevoll erdachten Romantiteln spricht, die Witzel seinen erfundenen Autorinnen und Autoren zuschreibt, wird zu einer eher düsteren Realität, wenn man bei Seifert lauter unbekannte Titel liest, bei deren Autorinnen teils erst einmal der Katalog der Deutschen Nationalbibliothek Orientierung anbieten muss. Die Zuwendung, die beide (vormals) Ruhmlosen der Literatur schenken, ist dabei nicht nur eine schöne Geste, mit der das Publikum zu Ausflügen abseits des Höhenkamms der Literaturgeschichte eingeladen wird. Witzel und Seifert geben auch die Frage auf, wen wir aus welchen Gründen lesen. Und: »Was uns entgangen ist«.[24] Nicht auszudenken – bis man es tut.

24 Seifert, »*Einige Herren*«.

Musikkolumne

Musikgeschichte (nach deren Ende)

Von Tobias Janz

Das Jahr 2012 ist mit zwei scheinbar unverbundenen musikwissenschaftlichen Ereignissen in Erinnerung geblieben. Im Februar 2012 veranstaltete die Princeton University zu Ehren des Musikhistorikers Richard Taruskin (1945–2022) eine Konferenz mit dem Titel »After the End of Music History«. Der Titel spielte an auf eine Formulierung aus dem Vorwort von Taruskins mehr als 4000 Seiten umfassender *Oxford History of Western Music* (2005): Eine Musikgeschichte des Westens lasse sich als in sich geschlossene Erzählung konzipieren, weil sie nicht nur einen einigermaßen klar konturierten Anfang (die »frühesten Notationen« im 9. Jahrhundert) besitze, sondern sich mit der Krise der »neuen Musik« im letzten Drittel des 20. Jahrhunderts auch ihr nahendes Ende abzeichne. Für Taruskin legitimierte sich so, von ihrem Ende her, das Unternehmen einer monumentalen Geschichte der (latein)europäisch-nordamerikanischen Musik. Weiterhin freilich mit dem Anspruch verbunden, in Bildungsinstitutionen als Standard *der* Musikgeschichte zu gelten.

Ebenfalls 2012 erhielt Reinhard Strohm, unter anderem für seine Arbeiten zum Aufstieg der europäischen Musik in der frühen Neuzeit, den hochdotierten Balzan Prize. Strohm widmete ihn und das damit verbundene Fördergeld nicht der Erforschung der europäischen Musikgeschichte, sondern dem Thema »Towards a Global History of Music«. Das daraus hervorgegangene »Balzan Musicology Project« hat in der musikwissenschaftlichen Community Spuren hinterlassen. Gefördert wurden Netzwerke und Einzelprojekte, Ergebnisse von Tagungen erschienen in drei von Strohm herausgegebenen Sammelbänden. Das Spektrum der darin versammelten Fallstudien ist bunt. Ein verbindendes Moment besteht vor allem – wenn nicht allein – darin, dass ihre Gegenstände in dem Sinne global sind, dass sie geografisch und kulturell außerhalb der westlich-europäischen Tradition angesiedelt sind, um die es in Taruskins Musikgeschichte geht.[1]

Die beiden Ereignisse des Jahres 2012 werfen ein Licht auf musikwissenschaftliche Debatten, die zwar inhaltlich konträr scheinen, in denen sich in ihrer Gegensätzlichkeit aber dasselbe Gefühl artikuliert: das Gefühl, dass es in der Musikgeschichte, im doppelten Wortsinn als Geschehen und erzählte Erinnerung, nicht mehr so weitergeht wie bisher. Oder nicht mehr so weitergehen kann.

Musikgeschichte nach deren »Ende« bedeutet, wenn man Taruskins Diagnose zustimmen möchte, sicher nicht das Ende historischer Forschung zur europäischen Schriftkultur der Musik der vergangenen eintausend Jahre. Es kann auch nicht gemeint sein, dass keine »neue« Musik mehr entstünde. Wer kraftvolle Werke wie Mark Andres *Im Entschwinden* (2022) überhört, die auch heute die Lebendigkeit und Erneuerungsfähigkeit der neuen Musik unter Beweis stellen, verhielte sich ignorant. Bei der Diskussion über Taruskins »Ende« schwingt gleichwohl der Gedanke mit, dass Musikgeschichte des »Westens« in der globalisierten Welt des frühen 21. Jahrhunderts zunehmend zur Geschichte von etwas Vergangenem wird.

Darin unterscheidet sich seine Prophezeiung von Fukuyamas *End of History*, in dem Kritiker Taruskins Modell erkennen wollten. Von einem Sieg der westlichen Musik analog zum (vermeintlichen) Sieg von Liberalismus, Demokratie und Kapitalismus ist bei Taruskin nirgendwo die Rede, nicht einmal mit Blick auf die angloamerikanische Popmusik auf ihrem globalen Siegeszug nach 1950. Hinter dem gefühlten Ende steht vor allem wohl der Eindruck, in ein neues globales Zeitalter einzutreten, für das tradierte Denkmodelle wenig Orientierung bieten.

Wenn Geschichte ihren Ausgangs- und Zielpunkt in der Gegenwart hat, bedarf es dann nicht auch einer neuen Erzählung der Vergangenheit?

Strohms in die Zukunft projiziertes »towards« adressiert von vornherein die globalisierte Gegenwart, vor der Taruskin haltmacht. Sicher auch mit Blick auf ein Klima, in dem Pluralität, Inklusivität und Diversität (heftig umstrittene) gesellschaftliche Normen sind. In der Konstellation aus wahrgenommenem Ende und proklamiertem Neuanfang Anzeichen für einen anstehenden oder bereits erfolgten Paradigmenwechsel in der Musikwissenschaft zu sehen, wäre jedoch verfrüht. Bei näherer Betrachtung entsteht vielmehr das Bild einer innerlich gespaltenen Disziplin.

1 Vgl. Tobias Janz, *Das Zögern der Musikwissenschaft vor der Globalgeschichte*. In: *Die Musikforschung*, Nr. 75/3, 2022.

II

Gesellschaftliche Konfliktregulierung scheitert heute oftmals daran, dass zwar klar markierte Positionen bezogen werden, einem diskursiven Austrag des Streits aber ausgewichen wird; wer sich auf der richtigen Seite wähnt, braucht sich mit der Gegenposition nicht zu befassen. Musikgeschichte könnte nun modellhaft für einen wissenschaftlichen Diskurs stehen, in dem eine diskursive Vermittlung konträrer, konfliktträchtiger Positionen einmal nicht scheitert, sondern gelingt. Ansätze, die einander inhaltlich ausweichen und sich dabei mindestens implizit auf eine stereotype Absonderung des »Westens« von der »Welt« stützen, sind dabei eher hinderlich.

Dass es schwer fällt, sich von tradierten Leitunterscheidungen zu lösen, mag auch daran liegen, dass inhaltliche Argumente für die disziplinäre Isolation der europäischen Musikgeschichte nicht bereits deshalb ihre Plausibilität verlieren, weil sich der politische Wind gedreht hat. Dass sich der Wind gedreht hat, mag allerdings erklären, warum sich der Ton verschärft. Karol Berger hat Taruskins eurozentrische Position auf dem Princetoner Symposion auf pointierte Weise so zugespitzt, dass dieser sich zu Gegenreaktionen provoziert sah:[2] Taruskin, der sich selbst als liberalen Sozialhistoriker begriff, sei in seiner Orientierung am Kanon der europäischen Kunstmusik nicht konsequent genug gewesen. Ihren eigentlichen Zweck erfülle Musikgeschichte, so Berger, als reine Kunstgeschichte.

Inhaltlich hat Berger durchaus einen Punkt, der auch die Idee einer musikalischen Globalgeschichte tangiert. Eine Geschichte der westlichen Musik zu erzählen ist möglich, weil sie sich musikimmanent als kohärente Geschichte der historischen Entfaltung einer Idee erzählen lässt, der Idee von Musik als Kunst. Die Idee von Musik als Kunst erlaubt es, disparate Erscheinungen von Musik historisch aufeinander zu beziehen. Werke von Mozart (geb. 1756), Kurtág (geb. 1926) oder Machaut (geb. um 1300) verhalten sich in ihren mehr oder weniger entfernten intertextuellen Bezügen zueinander wie die Perlen einer Kette.

Schärfer noch im Ton insistiert J. P. E. Harper-Scott in seinen musikgeschichtlichen Reflexionen auf dem Argument der ästhetischen Autonomie,[3] auf das schon Carl Dahlhaus seine Konzeption der Musikgeschichte als um das musikalische Kunstwerk kreisende Strukturgeschichte gestützt hatte. Harper-Scott begreift die ästhetische Autonomie metaphysisch. Gegenstand der Musikgeschichte seien ästhetische »Wahrheitsereignisse« (nach Alain Badiou), und ihr Sinn oder Unsinn bemisst sich daran, wie sie sich zu diesen Wahrheitsereignissen verhält: ob »treu«, »reaktionär« oder »ideologisch«.

Harper-Scotts Buch ist der engagierte Versuch einer Rettung der Musikgeschichte als Kunstgeschichte, die in einem Rundumschlag gegen quellenpositivistische, reduktionistische und dekonstruktivistische

2 Karol Berger, *The Ends of Music History, or: The Old Masters in the Supermarket of Cultures*. In: *Journal of Musicology*, Nr. 31/2, Frühjahr 2014. Die lesenswerte Polemik zwischen Berger und Taruskin ist in diesem Heft ebenfalls dokumentiert.

3 J. P. E. Harper-Scott, *The Event of Music History*. Woodbridge: Boydell & Brewer 2021.

Spielarten verteidigt wird. Auch Harper-Scott hat seinen Punkt, nämlich darin, dass Musikgeschichte es – auch – mit ästhetischen Phänomenen zu tun hat, dass ihre vielleicht wichtigste Aufgabe darin besteht, dieses Ästhetische historisch zu fassen. Welchen Stellenwert die ästhetische Autonomie in einer globalen Perspektive auf Musik hat, ist keine einfach zu beantwortende Frage. Ihre Bedeutung für die Entwicklung der europäischen Kunstmusik wird keine Geschichte ignorieren können.

III

Methodische Fragen nach der narrativen Kohärenz, dem Status des Ästhetischen und seinem Verhältnis zu Gesellschaft und Kultur stellen sich auch in einer Globalgeschichte der Musik. Nimmt man Taruskins Argument der Geschlossenheit beim Wort, stellen sie sich auch und besonders dann, wenn man Globalgeschichte nicht als ausweichende Alternative zur westlichen Kunstmusikgeschichte, sondern als deren Erweiterung und Korrektur versteht.

Dass diese an sich naheliegende Möglichkeit bislang wenig in Betracht gezogen wurde, liegt auch daran, dass hierzu Fachtraditionen zusammengeführt werden müssten, die sich über Jahrzehnte auseinanderentwickelt haben. Die Idee einer weltumspannenden »Big History« der Musik ist an sich keine neue Idee, sie ist vielmehr mit den Anfängen der Musikwissenschaft aufs Engste verbunden. In evolutionistischer Ausrichtung gab es sie bis in die 1940er Jahre, dann nicht mehr. Nach 1945 waren sich die getrennte Wege gehenden Zweige einer werkbezogenen Kunstmusikgeschichte und der Ethnomusicology in der Abkehr von dieser Art von Big History einig, und mit dem mikrogeschichtlichen Ansatz der neuen Kulturgeschichte sowie der postmodernen Geschichtskritik wurde eine Renaissance der Großerzählung in der Musikwissenschaft zunehmend unwahrscheinlich.

Wenn Big History in Form der neuen Globalgeschichte heute zurückkehrt, spielen – wie insgesamt in der Geschichtswissenschaft nach 1990 – sicher auch äußere Faktoren eine Rolle: die beschleunigte Globalisierung seit den 1970er Jahren, von der keine Form der Musik unberührt ist; der damit zusammenhängende gesellschaftliche Strukturwandel; globale Herausforderungen, die auf ihre Weise ein neues globales Bewusstsein und ein neues globales Orientierungsbedürfnis erzeugen.

Eine Musikgeschichte, die ihren eigentlichen Zweck vom Bedürfnis nach Orientierung im Zeitkontinuum herleitet, wird die disziplinäre Isolation der westlichen Musikgeschichte heute überwinden wollen. Sie wird sich gleichzeitig nicht mit dem bloßen Aufzeigen von Diversität, mit dem Sammeln unverbundener Fallstudien zufrieden geben, sondern nach Momenten der Kohärenz suchen. Der Begriff des Globalen allein stiftet die erforderliche Kohärenz nicht von sich aus, oder nur in dem rein äußerlichen Sinn einer vorgreifend vorausgesetzten Totalität, der die Musikgeschichte nicht allein deshalb mit Skepsis begegnen sollte, weil die Stoffmengen kaum zu bewältigen sind, sondern auch, weil unklar ist, was ihr – analog zur Idee der Kunst – inhaltlich Struktur und Einheit verleihen könnte. Die universalistischen und evolutionistischen Prämissen der alten Globalgeschichte sind passé, Spuren dieses Denkens finden sich heute allenfalls im naturwissenschaftlichen Bereich der Musikforschung.

Denkt man Globalgeschichte, wie angedeutet, nicht als Alternative, sondern von der europäischen Musikgeschichte her, hätte dies zumindest den Vorteil, sich an etablierten Narrativen orientieren zu können – und sei es im Modus der Gegenerzählung. Den Fokus auf die globale Reichweite der europäischen Kunstmusik zu lenken,[4] ist dabei nur ein erster Schritt. Eine wirkliche Korrektur wäre eine europäische Musikgeschichte, die deren identitätsstiftende Momente von Beginn an in eine globale Perspektive rückt.

IV

Methodisch bieten sich bereits etablierte Ansätze wie der synchronische Querschnitt und die diachronische Verflechtungsgeschichte an. Der synchronische Querschnitt hat im Format der Ein-Jahres-Monografie publizistisch Konjunktur. Phänomenologisch kann er sich auf die durchaus reale Erfahrung einer Dissoziation der historischen Zeit, der breit werdenden Gegenwart berufen. Adorno beobachtete es an der Musik nach 1914/18: »Musik entwirft das Bild einer Verfassung der Welt, die, zum Guten oder Argen, Geschichte nicht mehr kennt«, heißt es in der *Philosophie der neuen Musik*, verbunden mit dem Gedanken, dass die synchron erfahrenen Extreme sich nicht mehr zu einem sinnvollen Ganzen fügten.

4 Ebenfalls 2012: Jürgen Osterhammel, *Globale Horizonte der europäischen Kunstmusik, 1860–1930*. In: *Geschichte und Gesellschaft*, Nr. 38/1, Dezember 2012.

Was in der Kontingenz der modernen, urbanen, medialisierten Lebenswelt der Normalfall ist, ist für die Musikgeschichte eine Herausforderung. Warum – und wie – konnten Arnold Schönberg und Richard Strauss im Winter 1931/32 an zwei Opern (*Moses und Aron* und *Arabella*) arbeiten, zwischen denen stilistisch und konzeptionell Welten liegen? Der synchronische Blick registriert, dass Schönbergs Schüler und Assistent Rudolf Goehr gleichzeitig für die Unterhaltungsindustrie arbeitete, an Filmkomödien mitwirkte und den populären Männerquartetten Die Abels und Melody Gents angehörte. Anders als die Wiener Schule spiegelt Schönbergs Berliner Meisterklasse die musikalische Heterogenität ihrer Zeit, der Weimarer Republik.

Der (Pan)Amerikaner Henry Cowell, für den Schönberg 1931 das Klavierstück *op. 33b* schrieb, hospitierte im Unterricht, wo Josquin und Brahms analysiert wurden, war mit einem Guggenheim-Stipendium aber eigentlich nach Berlin gekommen, um an dem von Erich Moritz von Hornbostel geleiteten Phonogramm-Archiv ethnografische Aufnahmen zu studieren. In Berlin hatte er zudem Gelegenheit, bei Musikern aus Indien und Java zu lernen. Hornbostel wiederum kommunizierte mit Heinrich Zahn, einem lutherischen Missionar, der mit einem Tenorhorn und Mendelssohns *Elias* im Ohr 1902 nach Deutsch-Neuguinea aufgebrochen war und 1932 zurückkommen sollte. Zahn arbeitete ethnografisch, als Missionar, in einem faszinierend-komplexen und sicher problematischen Fall von Kulturtransfer aber auch daran, der Yabêm-sprachigen Bevölkerung im Nordosten Papuas lutherischen Choralgesang zu vermitteln. Was

Cowell in Werken wie dem *Streichquartett Nr. 4* (1936) zu dem von ihm auch theoretisch propagierten »Neo Primitivism« synthetisieren wollte, waren für Zahn unüberbrückbare kulturelle Differenzen, die als solche aber gerade Übersetzungsleistungen erforderten – etwa durch von ihm vierstimmig gesetzte Muschelhorn-Choräle.[5]

Extreme wie Zahns ethnografische Aufnahmen und Strauss' *Arabella* nebeneinanderzustellen, fällt der synchronischen Methode leicht. Zu leicht? Ästhetisch gibt es wenig Verbindendes. Es handelt sich aber auch um kein blindes Nebeneinander, denn für das Hörbewusstsein der Zeitgenossen lagen zwischen solchen Extremen oft nur wenige Schritte. Historisch begriffen wäre das Disparate, wenn es gelänge, in den freigelegten Sedimentschichten Muster zu erkennen, die das Jahr 1932 diachronisch unterscheidbar machen.

Die Verflechtungsgeschichte setzt hier an mit dem Gedanken, dass Geschichte nicht nur Disparates enthält, sondern sich in ihr heterogene Geschichten mit je eigener Perspektive kreuzen. Sie in ihrer Perspektivität als Bestandteil *der* Geschichte anzuerkennen, ist eine Übung im Umgang mit Alterität. Nicht allein Verbindendes interessiert deshalb, sondern auch die indirekt verbindenden Momente wechselseitigen Missverstehens, überschießender Interpretationen, abreißender oder instabiler Kulturkontakte.

Verflechtungsgeschichte bedeutet für die ältere Musikgeschichte, sich vom Dogma der aus sich heraus verständlichen abendländischen Musik zu lösen, ohne einen gänzlich neuen Plot anbieten zu müssen. Die frühen Notationen rücken in die doppelte Perspektive einer lateineuropäischen und byzantinischen Musikgeschichte, beide auf ihre Weise mit der expandierenden islamischen Welt verflochten. Eine mit wechselnden Erzählperspektiven operierende Geschichte vermag dies nachzuvollziehen. Begründbar ist eine in diesem Sinn geweitete eurasisch-afrikanische Perspektive bis weit in die frühe Neuzeit, nicht nur mit Blick auf modale Systeme oder die Verflechtungen oder Parallelen von christlicher, jüdischer, islamischer Musiktheorie.

Zum Streitfall wird europäische Musik in der Moderne. Mit der Durchsetzung der harmonischen Tonalität, des Werkbegriffs und eines mit beidem verbundenen Musikalienmarkts begann die lange Blütephase der europäischen Kunstmusik. Eine europäische Identität der Musik bildete sich vor dem Hintergrund gegenläufiger Tendenzen aus. Der weithin als ihr Kulminationspunkt geltende »klassische Stil« entstand just in dem historischen Moment, in dem die europäische Öffentlichkeit über Schriften von Joseph-Marie Amiot (1779) oder William Jones (1784) erstmals detailliert und genau über chinesische und indische Musik informiert wurde.

Ein Werk wie Mozarts *Zauberflöte* globalgeschichtlich zu verorten, ist auch deshalb nicht leicht: Ihre Bilderwelt, mit dem »japonischen« Prinzen Tamino, dem Vogelmenschen Papageno, dem »Mohr« Monostatos und dem orientalistischen Szenario, spiegelt, wenn man möchte, eine volkstümliche Wahrnehmung der

5 Heinrich Zahn, *Mission and Music. Jabêm Traditional Music and the Development of Lutheran Hymnody*. Hrsg. v. Don Niles. Boroko [Port Moresby]: Institute of Papua New Guinea Studies 1996.

Welt im Ganzen. Die Musik hat ihre Exotismen, ihre *couleur locale*, bleibt aber auf ebenso populäre wie symbolische Weise harmonisch-tonal. Der Dur-Dreiklang ist die magische Formel für Taminos rituelle Bewährungsreise zu Tugend, Gerechtigkeit und Weisheit.

Der jesuitische Gelehrte Amiot machte andere Erfahrungen, als er einem gänzlich ungerührten Publikum in Peking Klaviermusik des Harmonikers Rameau präsentierte. Ausgerechnet das im aufgeklärten Europa idealisierte China des 18. Jahrhunderts gab Anlass, an der universalen Natur der harmonisch-tonalen Musik der Europäer zu zweifeln, für die der Dreiklang bei Mozart stand. Heute steht die europäische Tonalität mit Blick auf ihre faktische Ausbreitung nicht nur in Afrika als »colonizing force« (Kofi Agawu) in der Kritik.

Angesichts solcher Kritik muss die Musikgeschichte aufpassen, nicht in die Falle eines negativen Eurozentrismus zu tappen. Sie sollte sie vielmehr nutzen, um die Idee europäischer Kunstmusik zu präzisieren, sie historisch besser zu verstehen. Die tiefe Humanität der *Pamina*-Arie zu leugnen, wäre töricht, Ausweis nicht nur der Unfähigkeit, unbequeme Ambivalenzen auszuhalten. Mozarts Musik ist Ausdruck der Empathie mit dem leidenden Subjekt, artikuliert sich ästhetisch aber auch in einer Form, die von subjektiven und sozialen Zwecken Abstand nimmt. Wenn vor dem Hintergrund der pluralen Musikkultur der globalisierten Welt etwas Universelles von ihr bleibt, wäre es nicht unmittelbar im historisch präformierten musikalischen Material zu suchen, sondern in ihrer Haltung und dem Potential von Freiheit, die sich in der Verwendung des Materials ausdrücken.

Von der *Zauberflöte* führt kein linearer Weg zur musikalisch heterogenen Lebenswelt der frühen 1930er Jahre. Die musikalische »Great Transformation« zwischen Mozart und Schönberg (oder Cage) verteilt sich selbst in Europa auf mindestens zwei ineinander verschränkte Geschichten: die des zum Populären tendierenden öffentlichen Geschmacks und die kunstimmanenter Umwälzungen, von denen die europäischen Identitätsträger der Musik (Tonalität, Polyphonie, Schrift) keineswegs ausgenommen wurden. Eine große, teils dramatische Transformation bedeutete die Moderne musikalisch auch für die meisten anderen Teile der Welt.

Historiker richten den Blick heute auf globale Parallelentwicklungen, Abhängigkeiten und Gegentendenzen, um die Entstehung der modernen Welt als komplexen nichtlinearen Prozess zu begreifen. Von einer solchen Perspektive ist ein Gewinn auch im Sinne einer differenzierteren Geschichte der westlichen Musik zu erwarten. Ein wirklicher Bruch mit ihrer Tradition wäre dies nicht, denn der Rückzug aus der Welt und die Öffnung hin zu einer Welt, in die sie stets eingebettet war, sind für die moderne westliche Musik von Beginn an zwei Momente einer Bewegung gewesen.

Das philosophische Unbewusste

Der neue Foucault

Von Christoph Paret

Überraschend ist schon die schiere Existenz dieses Buchs. Beim legendären vierten Band von *Sexualität und Wahrheit* wusste man, dass er fertig in der Schublade gelegen hatte. Dagegen hatte niemand geahnt, dass Michel Foucault im Jahr 1966, wenige Monate nach der Veröffentlichung der *Ordnung der Dinge*, es auf dem Familiensitz in Vendeuvre-du-Poitou in Angriff nimmt, den *Diskurs der Philosophie* zu schreiben.[1]

Warum hat es Foucault unterlassen, das immerhin zusammenhängende Manuskript zu veröffentlichen oder wenigstens die Arbeit daran fortzusetzen? Die bislang bekannten Schriftlichkeiten geben kein größeres inneres Drama zu erkennen. Fürchtete er den naheliegenden Vergleich mit Derridas 1967 veröffentlichter *Grammatologie*? Wollte er keinen Anlass zu einer neuerlichen Debatte mit Derrida geben, wie sie sich an *Wahnsinn und Gesellschaft* entzündet hatte?[2] Oder hatte er den Eindruck, sich mit diesem Projekt zu weit aus der Deckung zu wagen?

Jedenfalls sollte er mit diesem Buch das schützende Halbdunkel verlassen, das sein ungeklärtes Verhältnis zur Philosophie bildete, die in *Ordnung der Dinge* mal mit distanzierenden Gesten bedacht worden und mal der Raum war, in den er sich ausdrücklich stellt.[3] Oder aber musste hier ein Buch in den Giftschrank, in dem sich vieles, was er im Fortgang schreiben sollte, bereits eingeordnet, ja, verurteilt findet?

Wenn die folgenden Zeilen ein verstecktes Selbstporträt sein sollten, so tragen sie unverkennbar abschätzige Züge: »Philosophieren heißt von nun an nicht mehr, in einem singulären und auf alle anderen irreduziblen Modus zu sprechen, sondern im Raum und in der Form anderer Diskurse zu sprechen, indem man sich hinterrücks in den Ort einschleicht, von dem aus sie sprechen: Hier wird der Philosoph zum Philologen, Historiker, Genealogen, ›Psychologen‹, Analytiker des Lebens und der Kraft.«

1 Michel Foucault, *Le discours philosophique*. Paris: Seuil 2023 (*Der Diskurs der Philosophie*. Aus dem Französischen von Andrea Hemminger. Berlin: Suhrkamp 2024).

2 Jacques Derrida, *Cogito und die Geschichte des Wahnsinns*. In: Ders., *Die Schrift und die Differenz*. Aus dem Französischen von Rodolphe Gasché u. Ulrich Köppen. Frankfurt: Suhrkamp 1972. Dazu lieferte Foucault gleich zwei Repliken (immer verräterisch): *Mein Körper, dieses Papier, dieses Feuer* und *Erwiderung auf Derrida*. Beide in: Michel Foucault, *Schriften 2*. Frankfurt: Suhrkamp 2002.

3 Da stellt er sich etwa einerseits in den »philosophisch-philologischen Raum, den Nietzsche für uns eröffnet hat«, und hält andererseits die Lektüre philosophischer Schriften für wenig erhellend, gilt doch hinsichtlich der epochalen Fragen, die er sich stellt, »daß ich es klarer bei Cuvier, Bopp und bei Ricardo als bei Kant oder Hegel verstanden habe« (Michel Foucault, *Die Ordnung der Dinge. Eine Archäologie der Humanwissenschaften*. Aus dem Französischen von Ulrich Köppen. Frankfurt: Suhrkamp 1974).

Königsklasse

Die zweite Überraschung bildet die schiere Ambition des Projekts: Versucht wird »die Deduktion der gesamten abendländischen Philosophie allein aus dem Modus ihres Diskurses«. Es gäbe also eine Einheit der Philosophie, und was sie garantieren würde, wären keine ursprüngliche Erfahrung, keine übergreifenden Begriffe, keine gemeinsamen Probleme, keine Tradition, keine sich durchhaltenden Erkenntnisgegenstände, keine Haltung, und übrigens auch keine Form der Macht.

Kann es gelingen, die umfassenden Vorhaben von Descartes, Leibniz, Hume, Kant, Fichte, Hegel, Nietzsche, Husserl und Jaspers auf demselben Plateau unterzubringen? Wie die allgemeinen Bestimmungen jeder Philosophie, ihre Themen, ihre einzelnen Werke aus rein diskursiven Erfordernissen ableiten? Lässt sich die Philosophie, die den allgemeinen Zugang für sich reserviert zu haben scheint, einer nochmal allgemeineren Beschreibung unterziehen?

Bislang hatte man von einem solchen Projekt schon mit dem bloßen Verweis absehen können, dass nicht einmal der Begründer der Diskursanalyse so verwegen gewesen war, Derartiges in Angriff zu nehmen. Jetzt wissen wir es besser: Foucault hat es versucht. Das Buch ist das erste, wenn nicht einzige Beispiel eines Genres, das in den kommenden Jahren Lust auf Parallelaktionen machen könnte.[4]

Diskursive Trennkost

Foucault soll ja, ob im besten oder schlimmsten Sinn, ein unreiner Denker sein. Bei ihm würden die Grenzen zwischen Philosophie und Geschichtswissenschaft, zwischen Philosophie und Literatur aufs Bedenklichste oder Bedenkenswerteste verschwimmen. Doch ebendieser Foucault behauptet hier, dritte Überraschung, die Existenz separater Diskurse, die nicht aufeinander reduzibel wären: Diskurs der Wissenschaft, Diskurs der Fiktion, Diskurs der Religion, Diskurs des Alltags, schließlich – und vor allem – Diskurs der Philosophie (spät im Buch und ziemlich beiläufig wird im Zusammenhang mit Nietzsche auch von einem Diskurs der Politik die Rede sein).

Man wartet geradezu darauf, dass die Foucaultianer Posten beziehen, um die Leser möglichst schnell an diesem Buch vorbeizuleiten: »Gehen Sie bitte weiter, hier gibt es nichts zu sehen!« Die Behauptung eigenständiger Diskurse, die auch noch ihre ganze Gültigkeit aus der Tatsache ihrer Separation beziehen, hätte man zuallerletzt von jemandem erwartet, der in dem Buch, das 1969 anstelle von *Diskurs der Philosophie* erscheint, süffisant feststellt: »Man muß auch angesichts jener Unterteilungen und Gruppierungen unruhig werden, die uns vertraut geworden sind. Kann man ohne weiteres die Unterscheidung der großen Diskurstypen oder jene der Formen oder Gattungen zugeben, die Wissenschaft, Literatur, Philosophie, Religion, Geschichte, Fiktion usw. in Op-

4 Vergleichbares scheinen allenfalls Deleuze und Guattari versucht zu haben und bereits damals verbunden mit dem Hinweis, dass »die Bibliographie dazu sehr schmal« sei. Vgl. Gilles Deleuze/Félix Guattari, *Was ist Philosophie?* Aus dem Französischen von Bernd Schwibs u. Joseph Vogl. Frankfurt: Suhrkamp 1996.

position zueinander stellen und daraus Arten großer historischer Individualitäten machen?«[5]

Und, um hier gleich weiter zu fragen, kann man diese Unterscheidungen zugeben, ohne deshalb früher oder später als Diskursgrenzwächter in Erscheinung zu treten? Doch erstaunlicherweise gelingt es Foucault, über lange Passagen alle grenzhüterischen Anwandlungen zu zügeln, und das ist die vierte Überraschung: Es ist weniger die Beachtung gewisser Normen, die das Für-sich-Sein der verschiedenen Diskurse gewährleistet. Was die Diskurse voneinander abhebt, ist ihr unterschiedliches Verhältnis zum Hier und Jetzt – zu ihrem eigenen und zu demjenigen ihrer Sprecher, »die Diskurse beziehen sich anders auf die Gegenwart und das Hier ihrer Formulierung sowie auf das Subjekt, das durch sie spricht«.

5 Michel Foucault, *Die Archäologie des Wissens*. Aus dem Französischen von Ulrich Köppen. Frankfurt: Suhrkamp 1973. Doch seien wir andererseits auch nicht allzu überrascht. Man hätte immer schon in *Ordnung der Dinge* nachlesen können, wie sich Foucault dagegen verwahrte, dass bei ihm die einzelnen Diskurse an Trennschärfe verlieren, um zusammengenommen dann »das Bild einer Epoche zu zeichnen oder den Geist eines Jahrhunderts zu rekonstruieren«. Und zumindest für einen Diskurs hatte Foucault, der angeblich Unseriöse, der die Philosophie in eine Art Literatur verwandelt und sich von Jean Améry 1973 im *Merkur* einen Begriffsdichter schimpfen lassen musste, ganz ausdrücklich eine Reinheit und Spezifizität behauptet, nämlich für die Literatur selbst: »Während des ganzen neunzehnten Jahrhunderts und bis in unsere Zeit – von Hölderlin zu Mallarmé, zu Antonin Artaud – hat die Literatur nun aber nur in ihrer Autonomie existiert, von jeder andern Sprache durch einen tiefen Einschnitt nur sich losgelöst.«

Das ist übrigens einer der Gründe, der die Auseinandersetzung mit Derrida so interessant gemacht hätte, denn während bei diesem die *différance* fortgesetzt eine »Metaphysik der Präsenz« untergräbt, findet sich bei Foucault eine Differenzierung der Diskurse gerade hinsichtlich der Frage der Präsenz.

Wasserscheide des Jetzt

Es gibt da beispielsweise einen Diskurs, der dieses Jetzt immer schon außer Gefecht gesetzt hat, nämlich den Wissenschaftsdiskurs. Foucault folgt hier, für einmal, dessen gängigem Selbstverständnis, wenn er zugesteht, dass wissenschaftliche Aussagen eine vom sprechenden Subjekt unabhängige Gültigkeit besitzen. Deshalb lässt er den Wissenschaftsdiskurs auch mit Galileo und nicht mit Kopernikus beginnen. Es reicht nicht, den Menschen aus der Zentralposition zu verbannen und um die Sonne kreisen zu lassen, man muss weitergehen: Loslösung des Diskurses »über die Welt von allen kosmologischen Bezugspunkten des Subjekts«.

Für den Alltagsdiskurs hingegen sei das Hier und Jetzt unabdingbar. Die Alltagsrede wird erkennbar an der banalen Einlösung ihrer Jetzts und Hiers und Ichs durch den stummen Kontext: Irgendetwas ist immer »jetzt«, irgendwo ist immer »hier«, irgendwer sagt immer »ich«, aber das interessiert dann auch niemanden.

Literatur (Foucault bevorzugt »Fiktion«) ist von dieser Art Alltags-Jetzt konstitutiv befreit. Sie geht niemals auf in der aktuellen Äußerungssituation – andernfalls könnte sie nicht jenseits ihres Entstehungskontexts gelesen, rezitiert, aufgeführt werden. Andererseits verharrt sie unentwegt in jenem Jetzt, das der fiktionale Diskurs anstelle des alltäglichen heraufbeschworen haben wird. Fiktion mag sich noch so objektiv und historisch geben, immer wird sie sich im Modus einer geisterhaften Stimme erzählen, die ihre eigene Präsenz ausstellt, »den Ort wechseln und die Zeit durchlaufen, zu einer Maske greifen und in eine Figur schlüpfen« kann.

Was das banale Hier und Jetzt des Alltags und das erfundene Hier und Jetzt der Fiktion war, das soll im Fall des religiösen Diskurses das Hier und Jetzt sein, das immer schon hinter uns liegt. Bis ins 17. Jahrhundert redete Gott aus allen Dingen. Er überfrachtete die Welt mit Bedeutungen, die zu entziffern waren. So bildete sich eine immer dickere Schicht von Interpretationen. Seit dem 18. Jahrhundert ist, wie es an einer schönen Stelle heißt, nicht etwa »anders über das Wort Gottes zu sprechen; es war Gott, der anders zu sprechen begonnen hatte«.

Es kommt zu zwei gegenläufigen Entwicklungen: Das einstmalige Überall der Rede Gottes wird zum Überall von Naturgesetzen, die für das menschliche Verständnis und die göttliche Intelligenz identisch sind. Insofern eine »wissenschaftliche Aussage sehr wohl als Entfaltung des göttlichen Diskurses gelten« kann, fällt sie aus der Zuständigkeit des religiösen Diskurses heraus. Dieser beschränkt sich mehr und mehr auf die singulären Momente, als Gott zu ausgewählten Individuen sprach.

Daher die Notwendigkeit einer religiösen Exegese. Man wird die Symbolisierungen von Texten analysieren, in denen die Wahrheit in einer bestimmten Stunde an einem bestimmten Ort in die Welt trat. Es gibt nur einen einzigen Zeitpunkt, zu dem die Wahrheit niemals in den Alltag einbrechen kann. Dieser Zeitpunkt ist die Gegenwart selbst. Wer tatsächlich das Jetzt des Jetzt als Stätte der Wahrheit wollte, hätte den religiösen Diskurs bereits verlassen. Er betriebe Philosophie. Die Philosophie, das ist »ein seltsamer Diskurs, der den Anspruch erhebt, durch die Wahrheit des Jetzt, das ihn trägt, zur Wahrheit zu gelangen«.

Die Jetztgeborene

Lassen wir uns also nicht von Foucaults Vorwort in die Irre führen, das uns diesen schwierigen Text verkaufen möchte und mit dem er in den kommenden Monaten wohl auch verkauft werden soll. Die Hauptrolle der Philosophie, heißt es da, bestünde in der Diagnose der Gegenwart, seit ihren ersten Anfängen. Der Philosoph wäre immer schon die dritte Figur gewesen neben dem Arzt, der die Zeichen des Körpers entziffert, und dem Priester, der dem Wort Gottes lauscht: Philosophieren hätte seit je darin bestanden, einen verborgenen Sinn zu entdecken und dadurch heilend zu wirken.

Doch erstens widerspricht die These von der Philosophie als Gegenwartsdiagnostikerin einer anderen Diagnose Foucaults im selben Buch: Die Tiefe, über die die Philosophie Auskunft geben könnte, gibt es nicht mehr. »Im Vergleich zu den Exegeten und Therapeuten, seinen Vorfahren und Paten, erscheint die Arbeit des Philosophen nun ziemlich leicht und unauffällig – allmählich nutzlos: Der Philosoph muss ganz einfach sagen, was ist.« Und das können andere genauso gut. Im siebten Kapitel wird zudem zwischen der diskursiven Funktionsweise der Philosophie und ihrer kulturellen Rolle unterschieden: Was die »Nicht-Philosophie von der Philosophie verlangt, ist immer noch zu sagen, was geschieht, was sich in der Gegenwart zeigt und verbirgt, welche Dunkelheit oder welches Übel, welcher Fall oder welches Vergessen uns von dem trennt, was ist, und welche Rede es uns schließlich wiedergeben wird«.

Die Aufforderung zur Diagnose kennzeichnet also lediglich die Erwartungen, die an die Philosophie von außen herangetragen werden. Doch Foucault interessiert sich in diesem Buch über weite Strecken hinweg ausschließlich für das, was der philosophische Diskurs für sich selbst ist. Und so fragt er nicht, was die Philosophie ihrer Gegenwart geben kann, er fragt vielmehr, was die Gegenwart der Philosophie gibt. Und in diesem Zusammenhang zeigt sich, dass die Gegenwart in gewisser Weise überhaupt nur der Philosophie etwas gibt.

Das Jetzt der Philosophie ist nicht lediglich das Neue, das aufgetaucht ist und ihr nun Anlass zur Reflexion böte (sei es über die Postdemokratie, die Identitätspolitik, das Anthropozän), dieses Jetzt ist allererst ihr eigenes Auftauchen. »In der Tat betrifft der unvermeidliche Bezug des philosophischen Diskurses auf sein Jetzt nicht das Gesicht oder das Herz desjenigen, der spricht, sondern rein den Punkt seines Auftauchens im Universum der Diskurse.« Philosophie ist jetzt, zum ersten Mal, oder sie ist nicht. Der philosophische Diskurs legt jedem einzelnen Werk die Forderung auf, »die gesamte Philosophie mit ihm beginnen und enden zu lassen«.

Der Philosoph spricht, insofern er Philosoph ist, aus dem Heute heraus, was den Zeitgenossen dann so vorkommen mag, als spräche er über dieses Heute. Hinter der Erwartung ihres Umfelds, die Philosophie möge Gegenwartsdiagnostikerin sein, verbirgt sich ein Missverständnis, zu dem das besondere Verhältnis der Philosophie zu den anderen Diskursen Anlass gibt. So gehört es Foucault zufolge zum elementaren Funktionieren des philosophischen Diskurses, zunächst einmal alle anderen Diskurse (inklusive des Wissenschaftsdiskurses) in den Alltagsdiskurs umzuwandeln, den es dann in Form einer großen Bewusstwerdung erneut zu verwandeln gelte: »Der philosophische Diskurs befindet sich in Bezug auf den Rest der Welt zwar in der Haltung der Alltagssprache, doch nur, um den Rest der Welt als die naive Prosa des Alltags erscheinen zu lassen.« Ein Diskurs (die Philosophie) kann also einen anderen (den Alltagsdiskurs) in einer Weise aufblähen, die diesem selbst fremd wäre, um sich dann in einer Art sekundären feindlichen Übernahme auf diesen draufzusetzen: Die große Schimäre des Westens? Der »Philosoph, der den Alltag (den der Wissenschaft wie den des Lebens) allein durch den Einbruch des Lichts verändert«.

In dem Maß, in dem die Philosophie schwächelt, geht ein emphatischer Bezug zum Hier und Jetzt verloren. Es bleibt dann das Jetzt als Forschungsstand (Wissenschaft), als Banalität (Alltag), als Erfindung (Literatur) oder als Forderung des Tages (Politik). Der Leichnam der Philosophie enthüllt sich als die »Leere der Gegenwart«: »So dass man nicht mehr die Aktualität befragen muss, um von ihr ausgehend und nach ihren Modellen zu definieren, was die Philosophie sein soll; ebenso wenig muss man die Gegenwart befragen, um herauszufinden, was ihr fehlt und was sie braucht, um tatsächlich eine verwirklichte Philosophie zu werden.« Ich bin versucht, Foucault hier zu paraphrasieren: Man kann sehr wohl wetten, dass mit der Philosophie das Jetzt verschwindet wie am Meeresufer ein Gesicht im Sand …

Wie wird man ein Diskurs?

Eine Pointe des Buchs: Die Diskursanalyse kommt notorisch zu spät, um den entscheidenden Moment analysieren zu können, der in der Diskurs-Werdung selbst besteht. Es geht hierbei nicht um die Geburt des einen oder anderen Diskurses, es geht auch nicht um Brüche innerhalb eines Diskurses (beispielsweise des Wissenschaftsdiskurses wie in *Ordnung der Dinge*), es geht um die Verwandlung von Ich-weiß-nicht-Was in die Spezifizität dessen, was ein Diskurs ist.

In der Literatur ist das der Moment, wo die einzelnen Werke nicht mehr fiktive Figuren und Episoden reaktivieren, die in einer unbestimmt bleibenden literarischen Vorhölle ihrer Wiederbelebungen harren, sondern wo sich Werke ausschließlich auf vorangegangene handgreifliche Texte beziehen: »Denn es muss deutlich gemacht werden, dass der Quijote, wenn er Vorgeschichten hat, die sich in der Nacht verlieren, dies nicht der die Zeiten überdauernden Existenz des Helden, nicht seiner arthurischen oder trojanischen Dynastie, nicht der Tradition der Apostel, sondern ganz einfach Texten zu verdanken ist: Texten, die auf Blättern niedergelegt sind, wovon einige von Ratten gefressen wurden, was verhindert, dass die Geschichte in ihrer Gesamtheit erzählt wird. Der von Ratten gefressene Don Quijote ist ein Zeichen dafür, dass die Fiktion nunmehr in der Existenz des Diskurses selbst ihren Ort hat.« Fiktion hat nunmehr in der Existenz des Diskurses selbst ihren Platz! Diskursanalyse ist also nicht einfach eine Betrachtungsweise des Diskursanalytikers, sie setzt einen Vorgang voraus, wo dies ein und derselbe Vorgang sein soll: Diskurswerdung und Autonomiewerdung. Literatur war, bevor sie nicht Diskurs war, nicht sie selbst.

Gleiches soll für die Philosophie gelten, die (ganz klassisch: mit Kant) zu ihrer Spezifizität erst in dem Moment gefunden habe, als sie jene Objekte, die sie zuvor mit der Religion, Psychologie oder Wissenschaft teilen musste (Gott, die Seele, die Welt) in diskursive Funktionen umwandelte. Die Diskursanalyse der Philosophie ist also in eminenter Weise abhängig von dem historischen Augenblick, in dem die Philosophie als solche entsteht – und sie entsteht wiederum, indem sie als Diskurs entsteht (Philosophie ist für Foucault also ein junges Unternehmen, gewiss nicht älter als Descartes). »Nun hat die Philosophie aber, ohne dass man ihre zweifellose Nichtexistenz hätte nachweisen müssen, ja ohne dass man aufgehört hätte, in irgendeiner Weise von ihnen – oder ihren Äquivalenten – zu sprechen, ohne dass man sich von ihnen hätte abwenden müssen, in dem Moment darauf verzichtet, Metaphysik zu sein, in dem sie sich paradoxerweise diesen ›Gegenständen‹ so weit wie möglich angenähert, sie assimiliert und gleichsam verinnerlicht hat, indem sie sie zu funktionalen Elementen ihres Diskurses gemacht hat.« Gott, Seele, Welt können in der Philosophie umso eher verlorengegeben werden, als man ihnen dauerhafte Funktionsstellen gegeben hat. Bereits in *Ordnung der Dinge* hatte man lesen können: »Gott ist vielleicht weniger ein Jenseits des Denkens als ein bestimmtes Diesseits unserer Sätze.«

Der *Diskurs der Philosophie* ist über weite Strecken hinweg der Versuch, diesen Satz auszubuchstabieren und sich einen Reim zu machen auf die gleichzeitige Entäußerung und Verinnerlichung, die darin besteht, etwas zur Diskursstelle gemacht zu haben. Seither macht die Philosophie jedenfalls in heiliger Unbekümmertheit nicht mehr satt. Statt Seelenführung gibt es dann vielleicht die transzendentale Subjektivität, statt der Welt etwa die Gesamtheit der Erfahrung oder die geschaffene Ausdehnung, statt dem Gott Abrahams den Gott der Philosophen oder den absoluten Geist, der sich in der Welt manifestiert, und das soll genügen.

Stehaufmännchen Philosophie

Foucault entwickelt in diesem Buch nicht den erweiterten Philosophiebegriff, den man in den letzten Jahrzehnten nur allzu gerne bemüht hat, um ihn als Philosophen einzugemeinden. Er ist in bestimmter Hinsicht viel strenger als diejenigen glauben, sein zu dürfen, die ihn anerkennen wollen (was gerade seine Diskussion Nietzsches zeigt, der weniger einen Bruch innerhalb der Philosophie bedeutet als vielmehr ihr Zerbrechen und vielleicht nicht einmal das). Anstatt dass jetzt gewisse Dichter, Wahnsinnige, Frauen, Nichteuropäer und »infame Menschen« Anwartschaft auf Philosophie beanspruchen dürfen, wird die Basis der philosophischen Rede derart schmal, dass selbst gestandene Philosophen aus dem philosophischen Diskurs herauskippen.

Russell, Wittgenstein, Heidegger, Sartre oder Jaspers hätten in Unkenntnis der »inneren Funktionsbedingungen« des philosophischen Diskurses geschrieben. Weder kommen sie zur Philosophie noch entkommen sie ihr. Die postnietzscheanische Philosophie (zu der Foucault ironischerweise auch die logischen Positivisten zählt, die Ahnherren der jetzigen analytischen Philosophie) würde die Philosophie lediglich von den angrenzenden Diskursen her unter Beschuss nehmen, die den philosophischen Diskurs seit dem 17. Jahrhundert umgaben, »sich von ihm absetzten, ihm gegenüber ihre eigenen Charaktere aufbauten, zu ihm auf Distanz gingen – ihm also Raum einräumten«.

Das heißt nun aber auch nicht, dass Foucault viel daran läge, ein philosophisches Reinheitsgebot zur Geltung zu bringen. Das Buch läuft stattdessen auf eine eigentümliche Frontstellung zu: Auf der einen Seite diejenigen, die behaupten, zu philosophieren, von der Philosophie aber lediglich einen unsachgemäßen Gebrauch machen. Ihnen gegenüber ein wackerer Einzelner, Foucault, der allein imstande ist, die Philosophie in ihrer Singularität zu erfassen, der aber nicht mehr gewillt ist, sie zu betreiben, und sein Genügen darin findet, Diskursanalyse der Philosophie zu betreiben.

Warum aber eine Diskursanalyse der Philosophie betreiben, wenn gar niemand mehr philosophiert? Foucaults Antwort: Der philosophische Diskurs reproduziert sich hinter dem Rücken seiner Beteiligten. Er ist beständiger, größer und konsistenter als seine Teilnehmer in ihrer Philosophievergessenheit. Und es ist das ausschließliche Privileg des Diskurstheoretikers, dies sehen zu können. Die vielleicht bemerkenswerteste Passage lautet: »Man sieht, wie diese neuartigen Diskurse, die sich alle als Philosophie und als an der Grenze der Philosophie ausgeben (logischer Positivismus, Ontologie, Beschreibung des Erlebten und Suche nach Strukturen), sich zwar scheinbar widersprechen und das zeitgenössische Denken zu einer Zerstreuung verurteilen, in der die Einheit der Philosophie scheinbar endgültig verlorengehen muss; doch gehören sie in Wirklichkeit alle zur Bestimmung eines Ganzen, das sie verbindet und verhindert, dass sie unabhängig voneinander existieren können. Diese zwingende Bestimmung ist die Verpflichtung, die Rolle des philosophischen Diskurses innerhalb eines Diskurses aufrechtzuerhalten, der nicht mehr dessen Spezifizität besitzt und der nur noch das Verschwinden und die Abwesenheit des philosophischen Diskurses zum Gegenstand machen kann. Diese scheinbar so gegensätzlichen und einander so fremden Formen der Philosophie sind in ihrer Gesamtheit von einer sehr strengen Kohärenz geprägt. Diese Kohärenz erkennt man nicht, wenn man den Standpunkt von einer von ihnen einnimmt, aber sie wird deutlich, wenn man sich in das Element des philosophischen Diskurses überhaupt begibt, oder besser gesagt, in das Innere dieses Diskurses, der die Rolle der Philosophie aufrechterhält, ohne ihre Spezifikationen und funktionalen Grundformen beizubehalten.«

Es mag sein, dass kein einzelnes philosophisches Werk mehr imstande ist, den philosophischen Diskurs in seiner Spezifizität zu verkörpern. Allerdings soll diese Aufgabe nun genau vom philosophischen Diskurs in seiner Zersplitterung übernommen werden. Seine Spezifizität würde genau in den konträren Weisen zum Vorschein kommen, diese Spezifizität zu verfehlen. Und all dies in Form einer »sehr strengen Kohärenz«. Deshalb kann Foucault zugleich bemängeln, dass alle namhaften Philosophen im 20. Jahrhundert verkennen, was Philosophie in ihrer besonderen Seinsweise ist, ohne sich dazu angehalten zu sehen, selbst philosophierend einzuspringen. Philosophie siegt immer, wenn nicht als ultimative Form der Reflexion, so doch als eine Art Unbewusstes. Ein Unbewusstes bar alles Beschämenden und Unangenehmen.

Das philosophische Unbewusste ist nicht die dunkle Seite, die den lichten Selbstverständnissen der Akteure entgegengehalten werden könnte. Es ist umfassender und reflexiver, als man sich träumen ließe, als wollte Foucault sagen: »Kümmert euch nicht um die Philosophie, der philosophische Diskurs kümmert sich schon um sich selbst!« Deshalb kann jemand, der am Schicksal der Philosophie interessiert ist, getrost seine Arbeit einstellen – dies ist womöglich der Grund, warum Foucault dann auch die Arbeit an diesem Projekt eingestellt hat. Er hätte dann aufgehört nicht so sehr, weil er es nicht überzeugend fand, sondern weil er es nur allzu überzeugend fand. Es mag Bücher geben, deren ganze Wahrheit darin liegt, das sich ihre Veröffentlichung erübrigt.

Das totale Archiv

Die Arbeit einstellen: Wie das konkret aussieht, wird in den letzten drei Kapiteln vorgeführt. Denn leider wiederholt Foucault dieselbe Geste, die er als Diskurstheoretiker soeben mit der Philosophie versucht hat, die sich im Rücken all derjenigen aufrichtet, die sie in ihrer Spezifizität verkennen, nun hinsichtlich des Diskurses selbst, eines Diskurses, der allerdings auf einmal jedwede Spezifizität verloren hat, so dass »alle Diskurse zusammengenommen mit den Bedingungen, die sie aufrechterhalten, sortieren und zirkulieren lassen, ein untrennbares, kohärentes Ganzes bilden, das seine Autonomie hat. Diese Ganzheit, die es in jeder Zivilisation gibt, auch wenn sie keine Schrift kennt, ist das, was man als ihr Archiv bezeichnen könnte.«

Es gibt nicht mehr einzelne Diskurse, es gibt nurmehr *den* Diskurs. Das »Diskursarchiv« dehnt sich zeitlich viel weiter aus als der philosophische Diskurs, kann also von sich beanspruchen, umfassender zu sein. Zugleich erschöpft sich die Geschichte, die Foucault von ihm erzählen kann, in Allerweltsweisheiten: Erfindung des Alphabets, Bibliothek von Alexandria, Buchdruck … Man kann Foucault nicht einmal zugutehalten, dass sich hier der Diskurstheoretiker verabschiedet, um dem Machttheoretiker Platz zu machen. Denn die bei der Auseinandersetzung mit dem philosophischen Diskurs immerhin naheliegende Kritik, erneut lediglich sowieso schon kanonische Namen vorbeidefilieren zu lassen, erübrigt sich vollends angesichts des sich abzeichnenden Vorhabens der Gegenwartskultur, ein »integrales Archiv« zu erstellen, »als habe sich unsere Kultur die Aufgabe gestellt, im Grunde alles vom Diskurs aufzubewahren; als sei sie zu der Auffassung gelangt, dass nichts, was gesagt wurde, es verdiene, völlig vernachlässigt zu werden«.

Ja, man kann nicht einmal sagen, dieser Totaleinschluss gäbe der entgegengesetzten Befürchtung Nahrung, eine Einsperrung im Archiv zu sein. Denn der Entstehung eines »integralen Archivs«, für das kein Sprechakt zu bedeutungslos ist, um nicht aufgenommen werden zu können, korrespondiert eine absolute Freiheit, mit dem dort Aufgenommenen zu verfahren: Es geht darum »in der Koexistenz des Archivs Diskurse zu erhalten, die zu vielfältigen, unbestimmten Sprechakten führen können und die vielleicht noch darauf warten, erfunden zu werden […] Durch diese Neutralisierung der Sprechakte, die den Diskurs wiedergeben sollen, wird dieser so nicht mehr eingeschlossen, bestimmt und im Voraus gefiltert, sondern in einen unbestimmten Raum gestellt, in dem er sich immer vervielfältigen und in viele Richtungen wuchern kann.« Was bleibt, ist Geplapper, aber das Geplapper bleibt.

Buchbesprechungen sind riskante Angelegenheiten. Niemand kann ein Buch rezensieren, ohne Gefahr zu laufen, vom Buch rezensiert zu werden. Aber selten kommt diese Logik so deutlich zum Tragen wie bei *Diskurs der Philosophie*: Wer geneigt ist, sein Denken zu beunruhigen, wird die Empfehlung aussprechen, mit Kapitel 12 abzubrechen. Leute mit dringendem Schlafbedürfnis werden insbesondere die letzten drei Kapitel lesenswert finden.[6]

6 Ulrich Johannes Schneider, *Was aber soll unter Philosophieren verstanden werden?* In: *FAZ* vom 11. Juli 2023.

Aus dem Leben eines Antiquars (Geert Pötter, 1949–2023)

Von Thomas Schaefer

»Der Mann, lieber Leser, mit dessen Charakter ich dich etwas genauer bekannt machen will, war kein Gelehrter; auch nicht vom Adel, physice gewiß nicht, Beförderer der Wissenschaften im eigentlichen Verstande war er auch nicht, ohnerachtet er es als Büchertrödler doch noch mehr war, als der Buchhändler, er brachte nicht allein Bücher wohlfeil an die Hungrigen, sondern nahm sie auch denen auf billige Art wieder ab, die deren zu viel hatten. Weswegen war er denn also merkwürdig?«
Georg Christoph Lichtenberg,
Zur Biographie Kunkels Gehöriges

Man wird sich nicht zu weit aus dem Fenster lehnen, wenn man behauptet, um einen besonders geschäftstüchtigen Menschen habe es sich beim Antiquar wohl nicht gehandelt; etwas dezenter ausgedrückt könnte man auch sagen, Bücher und deren Liebhaber seien ihm stets ein wenig wichtiger gewesen als das Geld. Einmal, als ich den Antiquar in seinem Ladengeschäft im ersten Stock der Theaterstraße 3 (über Samen-Kröbel) besuchte – wie es so viele müßiggängerische Menschen taten, Männer zumeist, die auf den Ledersesseln des Antiquariats herumlungerten, unmäßig rauchten, dem Antiquar seinen Kaffeevorrat wegtranken, nichts kauften, dafür aber erhebende, geistreiche Debatten führten –, wies er mich auf einen jungen Mann hin, der vor einem der Regale stand und die Buchrücken studierte. In der ihm eigenen Art, nämlich mit einem kräftigen Räuspern als Auftakt seiner jeweiligen Rede, fragte er mich, ob ich diesen Mann sehe.

Dieser Mann, so der Antiquar nach einem neuerlichen Räuspern, entwende bei ihm regelmäßig Bücher.

»Der klaut bei dir?«, fragte ich verblüfft. »Und du weißt das und unternimmst nichts dagegen?«

Was er denn, bitte, dagegen unternehmen solle, erwiderte der Antiquar leicht verzweifelt. Er kenne diesen Kunden, das sei ein armer Schlucker, der zwar nicht über viel Geld verfüge, dafür aber über ein Sammelgebiet. Und da er sich die entsprechenden Bücher nicht leisten könne, müsse er sie nun mal stehlen. Und da sei er als Geschäftsinhaber dann eben leider machtlos, schloss der Antiquar. Und ließ mich stehen.

Kein Wunder also, dass, so lauteten zumindest Gerüchte, mitunter Strom und Wasser im Antiquariat abgestellt waren und der Antiquar in der Kneipe an manchen Abenden nur Leitungswasser trank. Einmal aber saß der Antiquar an einem großen Tisch in munterer Runde, deren Mittelpunkt er offensichtlich bildete. Er winkte mich mit großer Geste herbei, forderte mich auf, mich dazuzugesellen und nach meinem Gusto ein Getränk zu bestellen, und zwar auf seine Kosten. Auf dem Tisch stand ein silberner Kübel, in dem eine Flasche Champagner lehnte, aus der sich der Antiquar, kaum dass ich mich gesetzt hatte, großzügig bediente.

Er werde, erklärte er mir, nachdem er sich fröhlich geräuspert hatte, am kommenden Vormittag das Geschäft seines Lebens machen, nach dessen Abschluss er auf alle Zeiten saniert sein werde und in das er quasi hineinfeiere. Er habe nämlich eine echte Gutenberg-Bibel angeboten bekommen, die er morgen kaufen und umgehend sehr gewinnbringend weiterveräußern werde.

»Eine echte Gutenberg-Bibel?«, zweifelte ich. »Davon gibt es meines Wissens weltweit nur noch höchstens fünfzig Exemplare, und ich glaube kaum, dass eins davon einfach so im freien Handel auf dem Markt …«

Doch, doch, unterbrach mich der Antiquar, das habe alles seine Richtigkeit, und zwar genau so, wie er es hier erzähle, er habe alles hinreichend geprüft. Freilich hockte der Antiquar einige Abende später wieder hinter einem Glas Leitungswasser in eben jener Kneipe.

»Nanu«, fragte ich, »was ist passiert? Ich dachte, du …«

Nein, sagte der Antiquar, das mit der Gutenberg-Bibel sei nichts geworden, da habe es sich bedauerlicherweise wohl um einen Irrtum gehandelt. Ich solle doch nur mal bedenken: eine Gutenberg-Bibel! Es sei doch klar, dass da etwas nicht habe stimmen können. Aber, so schloss der Antiquar, es sei doch eine so schöne Geschichte gewesen.

Die Wahrheit ist also, dass dem Antiquar auf dieser Welt in finanziellen Dingen schwerlich zu helfen und er selber daran nicht unschuldig war. Der Schriftsteller V., über Jahrzehnte der einzige namhafte Autor, der in unserer Stadt lebte, erzählte zum Beispiel, er habe dem Antiquar zur Linderung von dessen wirtschaftlichen Sorgen ein Manuskript geschenkt, auf dass der Antiquar es verkaufe. Allerdings habe der Antiquar das Schriftstück, angefertigt in der berühmten kalligrafischen Schönstschrift des Dichters, mit leuchtenden Augen in Empfang genommen, mit seiner großen, spitz in die Welt hineinragenden Nase daran geschnuppert, es hin und her gewendet, um dann entschieden zu verkünden, er bedanke sich sehr herzlich, aber er werde diese *Zimelie*, so V., seinem Privatbesitz zuführen, denn das Stück sei viel zu kostbar, um es zu Geld zu machen.

Die Kostbarkeit liegt selbstverständlich immer im Auge des Betrachtenden. Auch ich hatte ein Sammelgebiet, und das hatte sich der Antiquar gemerkt, so dass er eines Tages bei mir anrief und mich informierte, er habe ein Buch aufgetan, das meinen Interessen entspreche, und es sofort für mich erworben.

»Das ist ja schön«, freute ich mich aufrichtig, denn tatsächlich handelte es sich um ein Buch, das bestens in meine Sammlung passte. »Und was willst du dafür haben?«

Der Antiquar antwortete mit einem Preis, der mein Budget eigentlich sprengte.

»Teuer«, sagte ich. »Was hast du denn im Einkauf dafür bezahlt?«

Der Antiquar nannte einen Betrag, der exakt jenem entsprach, den er von mir verlangt hatte.

»Bitte?«, fragte ich befremdet. »Hast du mal überlegt, wie viel Gewinn dir bleibt, wenn du das Buch zum Einkaufspreis an mich weitergibst? Das geht doch nicht.«

Doch, das gehe, beschied der Antiquar resolut, er wisse doch, dass dieses Buch für mich eigentlich zu teuer sei, und just das habe er mit einkalkuliert.

»Kalkuliert!«, spottete ich und hatte dann eine Eingebung. »Denkst du mal daran, was es für das Buch bedeutet, wenn es unter Wert verkauft wird? Meinst du nicht, dass du dem Buch gerecht werden musst, indem du es so behandelst wie alle anderen Bücher und deinen Händlerrabatt draufschlägst?«

Das allerdings sah der Antiquar ein, schlug ein paar symbolische Euro drauf, und alle waren zufrieden: ich, der Antiquar und – besonders wichtig – das Buch.

Denn um das Buch ging es doch immer, immer ging es nur um das Buch. Wenn der Antiquar an den Samstagen auf dem Kirchhof von Sankt Jacobi seine Burg aus Bananenkisten zum wöchentlichen Flohmarkt aufbaute, und der Erlös aus den Buchverkäufen floss an die Kirchengemeinde, dann ging es um das Buch. Und wenn der Antiquar gelegentlich seinen halben Laden ausräumte, dort Stühle aufbaute und der Schauspieler K. vom Deutschen Theater bei freiem Eintritt aus einem der Lieblingsbücher des Antiquars, Laurence Sternes *Tristram Shandy*, vorlas, dann ging es auch nur um das Buch. Und vor allem ging es um das Buch, als der Antiquar begann, ein anderes seiner Herzenswerke, Melvilles *Bartleby der Schreiber*, neu zu übersetzen, eine Tätigkeit, die ihn über Jahre nahezu ausschließlich beschäftigte. Wenn er mich ab und zu besuchte, um Versandtaschen für Büchersendungen abzuholen, die ich für ihn aufhob, hockte er in meinem kleinen Wohnzimmer, paffte Selbstgedrehte vor sich hin, schaute aus seinem bleichen, hageren Gesicht heraus mit seinen großen Augen so wie immer an mir vorbei ins Leere und referierte über den Stand seiner Übersetzung, deren Clou darin bestand, das historische Original-Melville-Englisch in ein Deutsch der damaligen Zeit zu übertragen, eine Herkulesarbeit, deren Sinn sich mir freilich nicht recht erschließen wollte.

»Hast du eigentlich schon mal überlegt, wem du das dann anbieten kannst, wenn du fertig bist mit deiner Arbeit, also welchem Verlag …«

Die ganze Zeit, während ich dergestalt auf ihn einsprach, war sein Ausdruck starr geblieben; nur um den blassen, schmalgewordenen Mund ging ein kaum wahrnehmbares Zucken. Dann schaute mich der Antiquar an, was selten vorkam, ja, er blickte mir einen Moment lang direkt in die Augen, drückte seine Zigarette aus und sagte, er müsse gehen, er habe noch etwas vor.

Um das Buch ging es auch noch, als der Antiquar irgendwann seinen Laden dichtmachen musste und sich darauf verlegte, seine Bücher ausschließlich mittels eines Versandhandels zu vertreiben. Vor den Toren der Stadt, im Dorf V., hatte er schon vor geraumer Zeit eine ausreichenden Platz bietende Scheune gemietet, das war sein Lager mit Tausenden von Büchern, nun war es sein Geschäftslokal, wo er einen Großteil des Tages verbrachte. Es war nicht so, dass er von dort aus keine Bücher verkauft hätte, gelegentlich suchte er mich immer noch auf und holte bei mir Verpackungsmaterial ab. Es war aber auch so, dass immer neue Bücher in sein Lager hinzukamen und dass sich das Geschäft eigentlich immer weniger lohnte. Dass es zu viel wurde mit dem Handel, so wie es zu viel wurde mit dem Radikalverweigerer Bartleby und seinen Herausforderungen. Allein dieser zentrale Satz »I would prefer not to« – wie sollte man den übersetzen? Das gängige »Ich möchte lieber nicht« traf doch die Sache gar nicht präzise. »Prefer« heißt doch nicht »wollen« oder »mögen«, es heißt doch etwas ganz anderes. »Ich würde bevorzugen, nicht zu« übersetzte der Antiquar wortgetreu, aber nein, das stimmte ja auch hinten und vorne nicht. Der Antiquar, der immer mehr zum Übersetzer wurde, besorgte sich diverse Wörterbücher, studierte sie alle eingehend und kam anderen Dingen immer mehr abhanden, bis er mir eines Tages, als ich ihn auf der Straße traf, erzählte, er habe seinen Antiquariatshandel aufgegeben, die Scheune, die Bücher.

»Und was ist aus den ganzen Büchern geworden?«, erkundigte ich mich besorgt.

Die habe sein Vermieter entsorgt, sagte der Antiquar, ins Altpapier geworfen, wenn nicht gar geschreddert, denn mit Büchern habe der Vermieter ja nichts anfangen können.

»Geschreddert?«, rief ich entsetzt. »Das geht doch nicht! Das durfte der doch nicht!«

Doch, entgegnete der Antiquar, das sei durchaus gegangen, ja eigentlich sogar vollkommen in Ordnung. Man müsse doch den ganzen Vorgang nur mal aus Sicht des Vermieters betrachten: Schließlich sei er, der Antiquar, seinem Vermieter jahrelang, trotz zahlreicher Mahnungen, die Miete schuldig geblieben, und irgendwann habe der Vermieter dann eben einfach die Geduld verloren.

Dann wurde aus dem Antiquar, auf welchen Wegen auch immer, ein Gärtner, und man sah sein Auto, eine schwarze, etwas klapprige Ente, deren Karosserie mit comic-haften Bildern verziert war – die Blues Brothers in Übergröße an der Fahrerseite –, nun stets mit einem Anhänger, auf dem der Antiquar, der jetzt Gärtner war, Strauchschnitt, Werkzeug und allerlei andere seinem neuen Metier zugehörige Sachen transportierte. Die blasse Haut des Antiquars hatte Farbe bekommen, und weniger Falten hatte er auch, sein Gesicht war fülliger geworden, er war grundsätzlich verjüngt und verändert.

»Was macht eigentlich Bartleby?«, fragte ich beiläufig anlässlich einer unserer nunmehr häufiger vorkommenden Begegnungen auf der Straße, wo der Antiquar oft mit seinem Fahrrad anzutreffen war, einen braunen, breitkrempigen Hut auf dem Kopf, manchmal in gärtnerische Funktionskleidung gewandet.

Merkwürdig sei das, brummelte der Antiquar, ständig sprächen ihn Leute auf diesen Bartleby an, er wisse gar nicht, was alle immer damit hätten und warum alle wissen wollten, was eigentlich Bartleby mache. Und ob es nicht wichtigere Themen gebe.

»Na ja«, erklärte ich dem Antiquar, »das ist doch ganz logisch. Du hast doch jahrelang von nichts anderem geredet als von deiner *Bartleby*-Übersetzung.«

Das, sagte der Antiquar unwirsch, sei doch aber schon ewig her, dafür interessiere er sich schon seit langem nicht mehr. Und ob ich vielleicht mal seinen Garten sehen wolle.

»Du hast einen Garten?«, stellte ich die vermutlich wieder einmal unpassendste Frage, und komplettierte meinen Fauxpas, indem ich mich erkundigte: »Wie kommst du jetzt eigentlich zurecht? Ich meine: finanziell. Kriegst du Grundsicherung oder so?«

Er habe Aufträge, erwiderte der Antiquar und schwang sich auf sein Rad.

Den Garten, um den er sich im Auftrag von dessen Besitzerin kümmerte, zeigte er mir dann tatsächlich eines Sommerabends, als ich ihm vor dem Tor dieses Gartens begegnete. Ich war auf dem Rückweg von einer Radtour nach A., wo ich meinen Freund R. besucht hatte, der nach einem Unfall aus dem Krankenhaus entlassen worden war und sich nun zuhause erholte. Dem Antiquar, der seinerseits gut mit R. bekannt war, erzählte ich von meinem Besuch, und wie R. und ich in R.'s Garten gesessen und über Bücher geplaudert hatten.

Das interessiere ihn sehr, sagte der Antiquar.

»Na ja«, begann ich, »R. läuft noch auf Krücken …«

Nein, unterbrach mich der Antiquar, das meine er nicht, der Garten, wie R.'s Garten aussehe, das wolle er wissen.

Und dann, nachdem ich ein bisschen von R.'s Garten erzählt hatte, erklärte er mir *seinen* Garten, und wie sinnreich er ihn angelegt hatte. Wild sah der Garten aus, urwüchsig, und war doch ein kalkuliertes Werk der kundigen Hände des Gärtners, der einmal ein Antiquar gewesen ist. Hier ein kleiner Steingarten, als Lebensraum für diverse Tiere, dort eine strukturgebende Hecke, ein winziger Teich – und am Ende die Bank, auf der er nach getaner Arbeit ausruhte und las. Denn irgendwie ging es immer noch um Bücher.

Schließlich sah ich den Antiquar in seiner Straße, vor der Fassade des Gebäudes des Verlegers St., das dem Haus, in dem der Antiquar wohnte, gegenüberliegt, an einem Rosenstock herumschneiden.

»Nanu?«, fragte ich den Antiquar, »was treibst du hier?«

Er habe, informierte mich der Antiquar geduldig, beim Verleger St. die Erlaubnis erwirkt, sich um den Rosenstock zu kümmern, und der Verleger habe ihm sogar großzügig einen Etat bewilligt, denn ganz umsonst sei die angemessene Pflege eines solchen Rosenstocks nicht zu haben. Und dann erläuterte mir der Antiquar genauestens, worauf es ankomme und was zu tun sei, damit es der Rose gut ergehe.

Apropos »gut ergehen«, unterbrach sich dann plötzlich der Antiquar, der zum Gärtner geworden war, und fragte mich, ob ich auch schon gehört habe, was mit W. geschehen sei, dem Antiquar aus der Prinzenstraße, der ja auch immer in unserer Kneipe herumgesessen habe, stets allein, mit einem Glas Rotwein und einem Buch, in dem er konzentriert gelesen habe, um ab und zu kurz über den Rand seiner Lesebrille hinweg das Treiben in der Kneipe zu mustern.

»Nein«, gab ich zu. »Was ist mit dem?«

Der habe unlängst einen Schlaganfall erlitten, berichtete der Antiquar, jetzt befinde er sich in der Reha, und kein Mensch wisse, ob er je wieder auf die Beine kommen werde. Und dann sagte der Antiquar, wie schrecklich so etwas doch sei und wie schnell einem jeden von uns solche Dinge widerfahren könnten und dass man seine Zeit nutzen müsse und nichts aufschieben dürfe. Und eigentlich sei es merkwürdig, dass wir uns immer nur zufällig hier auf der Straße träfen und uns nie verabreden würden, in unserer Kneipe zum Beispiel, um uns mal in Ruhe über alles auszutauschen. Das sollten wir unbedingt in nächster Zeit mal angehen.

»Ja, da hast du Recht«, stimmte ich zu, »das machen wir. Das nächste Mal verabreden wir uns auf ein Bier.«

Und dann, fiel dem Antiquar ein, wenn wir uns träfen, müsse ich ihm den *neuen Knausgård* leihen.

»Den neuen Knausgård?«, wunderte ich mich. »Ich kann dir den neuen Knausgård nicht leihen, ich besitze überhaupt gar keinen Knausgård.«

Woraufhin mich der Antiquar sehr nachdenklich musterte, als müsse er intensiv darüber nachgrübeln, ob ich ihn mit meiner Behauptung hatte auf den Arm nehmen wollen oder – was er vermutlich ausschloss – tatsächlich die Wahrheit, sei sie auch noch so merkwürdig, ausgesprochen hatte.

Und dann ging ich meiner Wege und ließ den Antiquar mit seinem Rosenstock allein.

Zu einer Verabredung ist es nicht mehr gekommen. Nicht lange Zeit nach unserer Begegnung am Rosenstock des Verlegers St. stieß ich am Samstagmorgen in der Lokalzeitung auf die Todesanzeige des Antiquars. Wie immer in solchen Fällen staunt man zunächst über die Ähnlichkeit des Namens, der da in der Todesanzeige steht, mit dem Namen des vertrauten Menschen, den man doch gerade erst auf der Straße getroffen hat, putzmunter wie eh und je, voller Pläne, nur ein wenig aufgestört angesichts von Dingen, die unweigerlich auf uns alle zukommen, irgendwann einmal. Doch bald dämmert einem, dass es sich um ein und dieselbe Person handelt, zumal ja ganz eindeutig war, was da in der Anzeige zu lesen stand: »Der Antiquar ist gegangen.«

Vielleicht, dachte ich, als Gerüchte laut wurden, der Antiquar sei eines Tages mit einer Nachricht konfrontiert worden, auf die es für einen freien Menschen wie ihn nicht viele Antwortmöglichkeiten geben konnte, war der Antiquar ja weder ein Antiquar, der notgedrungen zum Gärtner werden musste, noch ein Gärtner, der zu lange auf Antiquars-Irrwegen gewandelt ist, sondern recht eigentlich ein Übersetzer, der womöglich weniger damit befasst war, Worte in Worte zu übertragen als in eine Lebensweise, und der irgendwann einmal im Zuge seiner Lektüren zu diesem einen Text vorgedrungen und nicht mehr über ihn hinweggekommen war. »Ach Bartleby! Ach Menschheit!«

> Ehe ich vom Leser scheide, möchte ich noch eines sagen: sollte ihn diese kleine Erzählung hinreichend gefesselt haben, um seine Neugier zu erregen, wer der Antiquar war und welches Leben er führte, bevor der Erzähler dieser Geschichte seine Bekanntschaft machte, so kann ich nur darauf erwidern, daß ich diese Wißbegierde vollauf teile, jedoch gänzlich außerstande bin, sie zu stillen.
>
> Nach *Bartleby der Schreiber*, in der Übersetzung von Karlernst Ziem

Geister am Palmenstrand

Von Valentin Groebner

Ich war schon einige Male auf der Insel gewesen, bevor mir aufging, dass sie voller Gespenster war.

Die Insel gilt als einer der schönsten Orte der Welt, und das seit ziemlich langer Zeit. Die Weltkarten des Mittelalters verzeichneten dort das Paradies. Auf ihrem höchsten Berg, berichtete der Missionar Johannes von Marignola im 14. Jahrhundert an Kaiser Karl IV., habe Adams Haus gestanden. Man könne seinen Fußabdruck dort besichtigen, und die Bäume mit den köstlichen Früchten, die überall auf der Insel wüchsen, stammten aus seinem Garten. Das hatte er von seinen muslimischen Informanten: Arabische Kaufleute hatten seit der Antike Zimt aus Sri Lanka in den Vorderen Orient und nach Europa geliefert, dazu Edelsteine.

Im 16. Jahrhundert wurde die Insel Teil des portugiesischen Kolonialreichs, im 17. des holländischen und am Ende des 18. des britischen Empire, und dann zu einem der tropischen Sehnsuchtsorte der Moderne. »Ich war in der Hölle«, schrieb Anton Tschechow 1890 über seine Reise nach Sibirien und auf die Insel Sachalin, »und dann im Paradies, auf der Insel Ceylon.« Wie in einem Traum sei es dort, berichtete Hermann Hesse von seinem Aufenthalt 1911, »weithin wehende Palmenwelt« voller bunter Vögel und Schmetterlinge, und er »im seligen Reiserausch«.[1] Seither wiederholt das jeder Reisebürokatalog, heute ergänzt mit Fotos von Traumstränden, buddhistischen Tempeln und Naturparks voller wilder Elefanten.

Deswegen war ich ja hergeflogen. Ich wohnte in einem Gästehaus am Meer mit Pool und schönen Bungalows unter den Palmen; hinter den Mangroven kam dann nur noch ein endlos langer Strand. Zum Gästehaus gehörten eine Schule für Kinder aus armen Familien und Weiterbildungskurse für Frauen, vor vierzig Jahren von einem engagierten Wiener Paar gegründet, die daraus eine gut vernetzte Stiftung mit einer großartigen Bibliothek gemacht hatten. Aus Österreich kam auch die Mehrzahl der Feriengäste, die meisten im gesetzten Alter. Es gab wunderbares Essen, morgens Yoga unter den Palmen und eine fürsorgliche singhalesische Ayurveda-Ärztin, die einem Massagen verschrieb, wenn man das wollte, und Diäten.

Man nahm alle Mahlzeiten gemeinsam an einem langen Tisch ein, und deswegen erfuhr man schnell sehr viel über die anderen. Eine Galeristin. Ein Schriftsteller (Wien). Eine Filmregisseurin (auch Wien). Eine Fernsehjournalistin. Eine erfolgreiche Geschäftsfrau und ihre Freundinnen, die über die besten Orte zum Abnehmen redeten und sich laut wünschten, doch wieder wie früher zu sein, nicht ganz jung, sondern so wie vor zehn Jahren. Das sollte der Aufenthalt auf der Insel bewirken, das Yoga, das exotische Essen, die Spaziergänge am Meer und die Konsultationen bei der Frau Doktor, denn so unge-

1 Hermann Hesse, *Aus Indien*. Hrsg. v. Volker Michels. Frankfurt: Suhrkamp 1980. Mehr bei John Clifford Holt (Hrsg.), *The Sri Lanka Reader: History, Culture, Politics*. Durham: Duke University Press 2011.

fähr fassten sie die Versprechen der Ayurveda-Kur auf, als Wiederherstellung.

Dann kam ein neues Paar an, aus London. Er Australier, sie aus Hamburg, beide minimalistisch in Schwarz und Beige und mit großen schwarzen Hornbrillen. Wie sie hierhergekommen seien? »Wir haben«, sagte sie etwas verlegen, »Fotos von dem Resort gesehen, und die haben uns sehr gefallen.« Und wo? In einer Buchhandlung, in einem Bildband: *Where Architects Stay*.

Sie waren auf der Suche nach Schönheit, und die umgab einen auch in verschwenderischer Fülle mit all den Palmen, blühenden Bäumen und schwirrenden Kolibris, der Bibliothek und der eleganten tropischen Moderne der Bungalows. Deswegen waren wir hier. Und wegen des perlmuttigen Himmels, nachdem die Sonne untergegangen war und die Palmen, das Meer und der Himmel für einen langen Moment zu leuchten begannen, in einem unwirklich orangenen Honiglicht.

Gleichzeitig war die schöne Insel voll mit Gespenstern – oder Geistern, unsichtbaren Mächten jedenfalls, von denen einem die Einheimischen schnell und bereitwillig erzählten und mit denen man rechnen musste. Jeder Tag, jeder Monat und jedes Jahr, davon war man auf der Insel überzeugt, habe seine Unglücksmomente, in denen alles schiefgehen müsse. Diese *rahu kalaya* wiederholten sich je nach Mondphasen und Sternkonstellationen in ständig wechselndem Rhythmus.

Alle Unternehmungen – von Firmengründungen und Hochzeiten bis zu Bauarbeiten für jedes neue Gebäude – benötigen deshalb ein sorgfältig berechnetes Horoskop. Vor dem Bau eines Hauses wurde auf dem Grundstück ein improvisierter kleiner Tempel aus Palmblättern aufgestellt, beleuchtet mit einer Öllampe. Darin wurden zwei Schalen mit Schnaps und Zucker gestellt, um die Geister aus dem Wald anzulocken, denn die mögen hochprozentigen Alkohol und Süßes. Am nächsten Morgen kam ein buddhistischer Mönch in seiner strahlend orangeroten Robe und vollzog die Riten, mit denen diese Dämonen wieder vertrieben wurden; erst dann konnten die Bauarbeiten beginnen.

Auf jeder Baustelle war außerdem eine menschengroße Puppe aufgestellt, aus Holz und Stoffresten gebastelt: Sie sollte den Neid der Vorübergehenden auf das teure neue Haus auf sich nehmen. Sie stand auch auf den Baustellen für die riesigen dreißigstöckigen Wolkenkratzer, die im Zentrum der Hauptstadt von chinesischen Investoren hochgezogen wurden, nur fielen sie einem da nicht so auf. Wenn das Haus fertig sei, wurde mir erzählt, werde die Puppe verbrannt.

Auf der schönen Insel hat es im Januar nachts 22 und tagsüber 25, 28 oder 30 Grad: Die Wege zum Mittagessen, zum Strand oder zur Behandlung machten wir alle in kurzen Hosen und barfuß oder in Flip-Flops. An den Füßen, dachte ich am dritten Tag, sieht man alles. Bei der Galeristin waren die großen Zehen nach innen verkrümmt, ihre Füße sahen aus wie die von Chinesinnen des 19. Jahrhunderts, weiß, wurstförmig und zerbrechlich, und sie konnte nur mit Mühe gehen. Beim Schriftsteller waren die Zehen so dick blaugrau aufgeschwollen, dass man seine Zehennägel nicht mehr sah. Er kam mit dicken Lehmpackungen darauf von der Behandlung zurück, die er trocknen lassen sollte, Ermahnung der fürsorglichen Ärztin.

Er maulte darüber und gleichzeitig schämte er sich, schien mir. Die Scham war Trauer über den Verlust des eigenen Körpers und des Vergnügens, das man an diesem Körper gehabt hat und weiterhin haben könnte, wenn er anders wäre. War er aber nicht. Deswegen war man ja auf die Insel gefahren, auf die Schönheitsinsel der Kulturproduzenten. Wegen des Verlusts, dachte ich: Etwas war weg, das vorher ganz selbstverständlich da gewesen war.

Auf der Insel war man dick in exotische Schönheit gepackt, in feuchte Wärme und unvertraute Geräusche, und fast jeden Tag kamen die Affen vorbei. Zuerst hörte man nur das Rauschen der Zweige, das rasch immer lauter wurde, denn sie sprangen im Rudel durch die Baumwipfel, dann ihr heiseres Bellen und das rasende Klopfen der Pfoten auf den Dächern. Es waren Rudel von kleinen graubraunen Hutaffen mit langen S-förmigen Schwänzen, und ihre Besuche fühlten sich an wie ein ansteckender hysterischer Anfall. Die Angestellten im Gästehaus fingen sofort an, laut zu rufen und zu gestikulieren, um sie zu verscheuchen, denn die Affen angelten sich sonst blitzschnell alles Essbare und alle glitzernden interessanten Gegenstände, die auf den Tischen im Garten herumlagen, gerne auch Mobiltelefone, und am liebsten mochten sie Bananen. Vor Menschen fürchteten sie sich überhaupt nicht, weil sie viel flinker waren, sondern nur vor ihren eigenen großen Verwandten, Languren mit grauweißem Haarkranz, die sie töten und fressen. Deswegen lag vor der Küche eine Affenmaske aus schwarzem Gummi mit Haarkranz und Bart bereit: Einer der Köche zog sie über und lief fuchtelnd in den Garten, und die Affen suchten das Weite.

Eine Viertelstunde den Strand hinunter lag das Fischerdorf; große Auslegerboote waren dort auf den Strand hinauf gezogen, mit denen die Fischer jeden Morgen vor Sonnenaufgang hinausfuhren. Die Fischer sind sehr arm; die meisten der Boote gehörten dem reichsten Mann im Dorf, dem damit auch automatisch der größte Teil des Fangs zufiel. Damit das auch jeder sehen konnte, hatte er sich einen großen goldenen Ring anfertigen lassen, den er immer und überall trug; nicht über einen Finger, sondern über alle vier, mit Saphiren und Rubinen besetzt, mit seinem Namen darauf eingraviert und einem Fisch.

Dieser Ring, wurde mir beim Mittagessen im Gästehaus erzählt, wurde ihm vor einigen Jahren gestohlen, auf ganz unerklärliche Weise. Jemand musste ihn ihm im Schlaf von seiner Hand gezogen haben; als er morgens aufwachte, war er nicht mehr da. Der reiche Fischer war wütend, aber ratlos. Es musste Magie sein; deswegen engagierte er einen Geisterbeschwörer, um den Dieb zu finden.

Der Geisterbeschwörer kam mit seiner Wunderwaffe. Sie sah ganz unscheinbar aus, ein kleiner dreibeiniger Tisch aus hellem Holz; aber der würde den Dieb finden, versprach er. Er brannte Räucherwerk ab und sprach magische Formeln, und der Tisch setzte sich von allein in Bewegung, in kleinen Trippelschritten und ganz langsam, aber er bewegte sich, die Dorfstraße entlang und mit dem reichen Mann, dem Geisterbeschwörer und einer immer größer werdenden Menge Zuschauer dahinter. Das dauerte ziemlich lange, denn der Tisch schien unschlüssig, er setzte sich aber wieder in Bewegung, hinauf zur Hauptstraße, die er überquerte. Es gab einen kleinen Verkehrsstau, denn mittlerweile hatten sich über zweihundert Leute der Prozession angeschlossen, sie verfolgten gebannt, wie der Tisch sich zögernd immer weiter bewegte und schließlich vor einem Haus stehenblieb, das aber seit langem unbewohnt war.

Und das war auch das Ende der Suche. Hier habe der Dieb gewohnt, verkündete der Geisterbeschwörer; mehr könne auch er leider nicht herausfinden. Der reiche Fischer bezahlte ihn und kaufte sich einen Dobermann, den er auf seinem Grundstück einsperrte. Der Ring tauchte nie mehr auf.

So geht Wiederherzaubern. Man verliert etwas, aber dafür bekommt man etwas Neues, statt des kostbaren Schmuckstücks nämlich einen großen bösen Hund, der einem in den Garten scheißt. Die Nachbarn erzählten die Sache ohnehin anders. Nur die Frau des reichen Fischers könne ihm den Ring im Schlaf vom Finger genommen haben; und der ganze dramatische Auftritt des Hexers mit seinem Tisch diente dazu, diese Version der Geschichte zum Verschwinden zu bringen.

Von Geistern, Unglückstagen und unsichtbaren Mächten wurde mir bei meinen Besuchen auf der schönen Insel immer viel bereitwilliger und ausführlicher erzählt als vom Bürgerkrieg. Der hatte seit Beginn der 1980er Jahre in einer Eskalation gegenseitiger Massaker und Pogrome zwischen der tamilischen Minderheit und singhalesischen Nationalisten und der Armee viele Zehntausende zivile Opfer gefordert und große Teile des Nordens und Ostens der Insel verwüstet. Selbstmordattentate, Folter und politische Morde waren an der Tagesordnung. Der Präsident und sein Familienclan regierten mit diktatorischen Vollmachten, und die schöne Insel, auf dem Papier eine demokratische Republik, stand auf der Liste der tödlichsten Länder der Welt für Journalisten jahrzehntelang ganz weit oben.

Im Sommer 2022 brach die Währung zusammen. Sri Lanka erklärte sich für bankrott, Treibstoff, Lebensmittel und Medikamente wurden knapp. Große Teile der Insel waren tagelang ohne Strom, Benzin und Diesel rationiert, und der Präsident und sein Familienclan flüchteten vor den Protesten ihrer Untertanen ins Ausland. Das hatte ihm sein persönlicher Astrologe offenbar nicht vorhergesagt. Dafür wurde mir die luxuriöse Villa gezeigt, die sich dieser Astrologe direkt am Strand hatte bauen lassen.

Auf der schönen Insel gibt es keine Nacktheit. Öffentliches Küssen ist tabu, Prostitution, Pornografie und Homosexualität sind mit strengen Strafen belegt, aber die erste Menstruation eines Mädchens wird als »Big Girl Party« mit allen Verwandten und Freunden groß gefeiert. Die englischsprachige Zeitung der Insel heißt *Daily Mirror*, sie lag jeden Morgen auf dem Frühstückstisch aus. Die Zahl der Kinder unter fünf Jahren auf Sri Lanka mit Symptomen von Unterernährung, stand dort, sei zum ersten Mal seit vielen Jahren nicht gesunken, sondern leicht gestiegen. 2022 lag sie bei 43,4 Prozent.

Zwei Tage später: Von den insgesamt 324 Opfern von Gewaltverbrechen im Jahr 2022 waren 168 Frauen, die von ihren Partnern oder Ex-Partnern umgebracht worden seien. Ein Viertel aller befragten Frauen auf Sri Lanka über sechzehn gebe an, schon Opfer einer gewalttätigen sexuellen Attacke geworden zu sein. Am nächsten Tag setzte die Zeitung als große Meldung auf die Titelseite, dass die Löhne aller Staatsangestellten in diesem Monat pünktlich ausbezahlt worden seien – im Gegensatz zum Jahr zuvor, wo sie monatelang ausgeblieben waren.[2]

Nachdem die Sonne untergegangen war, erstrahlte der bewölkte Himmel in dunklem Gelb, und das Meer spiegelte ihn mit einer leuchtenden Oberfläche glatt wie Öl. Einzelne Wellen kamen mit großem Abstand herein, sie sahen wie riesige Tiere aus, die sich vor dem Strand plötzlich vier, fünf Meter hoch aufbäumten und dann brachen, mit tiefem grollenden Donnern, und man spürte die feinen Erschütterungen im Sand.

Am Ende der zweiten Woche kam ein neuer Gast. Er sah anders aus als die anderem am langen Tisch, deutlich jünger, sehr blass und reich tätowiert. Auf seinem T-Shirt stand auf der Vorderseite »Live Fast«. Auf der Rückseite: »No assistants. No favours. No rich parents. No investors.« Er arbeite als Influencer und Social-Media-Redakteur, erzählte er. »Und wie ist das so?« Anstrengend. Er sei neunundzwanzig, habe 1,5 Millionen Follower auf Tiktok und Insta und dort in den letzten zwei Jahren sechshundert Videos gepostet. »Und das«, und dann lachte er, »hat mich hierher gebracht.« Sein Mobiltelefon habe er bei der Ärztin abgegeben, er sei auf Entzug.

Auch die anderen Gäste waren mit sich unzufrieden. Deswegen waren sie ja hergekommen, um etwas zu reparieren, in Ordnung zu bringen und wiedergutzumachen. Die drei Freundinnen lobten ein Wellness-Resort in Schärding, dort gehe es am besten mit dem Abnehmen. Auf der Insel waren sie zur Erholung und daher leicht gekränkt, wenn etwas unerwartet schwierig wurde. Beim Yoga morgens gab es Stechmücken, der Yogalehrer verscheuchte sie fürsorglich, als wir am Schluss regungslos im Savasana lagen. Nachher am Frühstückstisch sagte jede der Freundinnen: »Mich mögen sie eben besonders.« Jede war überzeugt, dass sie mehr und öfter gestochen werde als die anderen, die am selben Platz dieselben Übungen machten.

Ob das auch Ayurveda sei, sagte die Geschäftsfrau am Frühstückstisch zu ihrer Nachbarin, dass das Essen immer zu kalt oder nur lauwarm sei? Heute Nachmittag komme wieder der Regen, antwortete die andere. »Genau dann, wenn ich aus der Behandlung komme, das war gestern auch schon so.«

Der Schriftsteller erzählte von der Stromrechnung für seine Wohnung fürs nächste Jahr, die er gerade bekommen habe, doppelt so hoch wie letztes Jahr, und für sein Ferienhaus sei es noch viel schlimmer. Er beklagte sich über die verschwundenen kleinen Läden, die es im Wien der siebziger und achtziger Jahre noch gegeben habe. Das ehrliche günstige Essen in den altmodischen Beisln, die feinen Schattierungen des Dialekts, der Stolz der Arbeiter und der Gemeinschaftsgeist der Sozialdemokratie: Das sei alles vorbei, für immer, die lackierten Schnösel hätten gewonnen, die Anzugträger, die Blender. Dann wechselte er zu seiner traumatisierenden Schulzeit im Internat und zu der Ungerechtigkeit, nein, der böswilligen Unfähigkeit der Lehrer dort zu Ende der fünfziger Jahre. Deswegen könne er bis heute nur so schlecht Englisch.

2 *Daily Mirror* (Colombo) vom 21., 23. und 24. Januar 2023.

Die Filmregisseurin beklagte, dass die Jungs aus der Küche nach zehn Tagen immer noch nicht wüssten, dass sie keine Papayas esse. »Die arbeiten doch im Service, das ist ihr Beruf.« Das Wasser im Pool sei ihr viel zu warm, sagte die Dame im Liegestuhl neben mir. Und der Ingwertee habe zu lange gezogen – »Der ist heute soo grauslich!« Die Fernsehjournalistin beschwerte sich, dass die mitgebrachte Schokolade in ihrem Zimmer so weich und klebrig werde. »Wieso haben die da keinen Kühlschrank?« Sie mache schon eine Ayurveda-Kur, aber nur jeden zweiten Tag.

Ungefähr ein Drittel all der Klicks und Likes, die er bekomme, erzählte der Influencer, stammten nicht von realen Menschen, sondern würden künstlich durch die Plattformen selbst erzeugt, für die Werbekunden. »Wir nennen das die hilfreichen Geister.« Manchmal fürchte er, dass die abgeschaltet würden, von einem Tag auf den anderen, Änderung in der Programmierung, dann sei er seine lukrativen Jobs vermutlich erst einmal los. Er schaute in die Runde. »Und wovor fürchtet ihr euch?«

Drei Monate nach dem Staatsbankrott und den Unruhen auf der schönen Insel wurde 2022 der Booker Prize, der wichtigste Literaturpreis der angelsächsischen Welt, an den Roman *The Seven Moons of Maali Almeida* des singhalesischen Autors Shehan Karunatilaka vergeben.[3]

Das Fürchten hat dessen Held schon hinter sich. Maali Almeida liegt als zerstückelte Leiche in einem schmutzigen See am Rand der Hauptstadt Colombo, und der Roman spielt vollständig in der Welt, in die er hinübergewechselt ist, die der Toten. Das Leben als Geist, sagt der sarkastische tote Ich-Erzähler, sei eigentlich genau wie das als Kriegsfotograf. »Endlose Perioden von Langeweile, unterbrochen von kurzen Ausbrüchen von Horror.«

Mit den unterschiedlichen Arten von Schrecken kennt Almeida sich nämlich aus, als Kriegsberichterstatter, Spielsüchtiger und bekennender Homosexueller. Karunatilakas Roman ist nicht nur eine Reise in die Welt der Geister, Gespenster und Dämonen, sondern er erzählt auch eine Geschichte der schönen Insel im letzten halben Jahrhundert, selbstironisch, rasant und mit ziemlich rotzigem schwarzem Humor. »Du hast bestimmt gemeint, das Jenseits wäre wie in der Air-Lanka-Werbung, was?«, fragt zu Beginn ein böser Dämon den frisch im Totenreich angekommenen Fotografen spöttisch. »Goldene Strände, kostümierte Elefanten und Teepflücker, die brav in die Kamera lächeln.«

Wer mehr über den Alltag der Bewohnerinnen und Bewohner der schönen Insel im Krieg erfahren will, wird von Karunatilakas Gespenstern darüber ausführlich informiert. Korrupte Parlamentsabgeordnete treten darin auf, ein Minister mit persönlichem Dämon, der ihn vor Attentaten beschützt, bigotte selbstsüchtige Freiheitskämpfer, amerikanische Sicherheitsexperten, die das Equipment für professionelle Foltertechniken liefern, und, an zentraler Stelle, Geisterbeschwörer. Ihr Chef ist niemand anderes als der Erzähler. »›Warum ist Sri Lanka Nummer eins bei den Selbstmorden?‹, fragt das tote Mädchen hinter dicken Brillengläsern hervor. ›Sind wir denn so viel trau-

3 Shehan Karunatilaka, *Die sieben Monde des Maali Almeida*. Aus dem Englischen von Hannes Meyer. Hamburg: Rowohlt 2023.

riger oder gewalttätiger als der Rest der Welt?‹ [...] ›Nein, sondern weil wir gerade genug Bildung haben zu verstehen, dass die Welt grausam ist‹, sagt das Schulmädchen. ›Und gerade genug Korruption und Ungleichheit, um uns machtlos dagegen zu fühlen.‹« Und, setzt ein dritter Toter dazu, »›wir kommen leicht an Unkrautvernichter‹«.

Am Ende haben in dem Roman auch tote Touristen ihren Auftritt, die Geister der durch einen Anschlag der Tamil Tigers getöteten Passagiere, bei dem eine Air-Lanka-Maschine während des Boardings auf dem Rollfeld des Flughafens von Colombo explodierte. »Die einundzwanzig Todesopfer waren hauptsächlich Ausländer, mit denen auch die kläglichen Überreste des sri-lankischen Tourismus ihren Geist aushauchten. Niemand erklärte sich verantwortlich. Alle Finger zeigten auf die LTTE, die die Gespräche zwischen der Regierung und einer rivalisierenden tamilischen Gruppe torpedieren wollten. Doch es hätte auch jede der anderen Parteien sein können, um es den Tigern unterzuschieben.«

Auch die Geister der Todesopfer haben viel zu erzählen. »›Wissen Sie, wie viel ich für diesen Urlaub bezahlt habe?‹«, empört sich der Franzose. »›Diese Insel ist ganz wunderbar‹, begeistert sich die Deutsche«, während sie die Tierfotos des Fotografen studiert. »›So billig. Und so viel zu sehen!‹« »›Und im Traum sind die Orte sowieso viel schöner als in Wirklichkeit.‹« »›Das ist wissenschaftlich erwiesen.‹« Touristen erscheinen bei ihm als unerlöste Geister im ewigen Sightseeing.

Nach meinen drei Wochen auf der Insel kam es mir beim Blick in den Spiegel auch ein wenig so vor, als hätte ich mich ebenfalls in ein großäugiges braungebranntes Gespenst meiner selbst verwandelt, in einen von Karunatilakas Feriengeistern. »Hab keine Angst vor Dämonen; die Lebenden sollten wir fürchten«, sagt der Erzähler. Die mächtigsten Kräfte seien eben unsichtbar, und überhaupt seien nur zwei Götter »der Verehrung wert. Der Zufall und die Elektrizität.«

»Wissen Sie, was die größte touristische Hölle ist?«, fragt Leonard Ilya Pfeijffer in seinem klugen bösen Roman *Grand Hotel Europa*. »Das Paradies. Denn da will jeder hin.« Und eines lerne man beim Reisen: Es bringe einem nichts. Es sei nur Rechtfertigung dafür, oberflächlich und gleichgültig zu sein. Touristen seien das Symptom von etwas Größerem und Ernsthafterem – »so wie Trauergäste ein Symptom des Todes sind«.[4]

Das kann man auch freundlicher formulieren, aber würde einem dann jemand zuhören? Wir wollen uns ja fürchten. Auf meinem Rückflug hatte sich der Passagier in der Reihe vor mir aus dem Unterhaltungsprogramm den Film *Old* von M. Night Shyamalan ausgewählt, Kinostart 2021. Feriengäste an einem idyllischen tropischen Strand, so die Handlung, beginnen plötzlich zu altern und zu sterben, einer nach dem anderen und im Zeitraffer. Geschrieben worden ist das als Graphic Novel mit einem hübschen Titel: *Sandburg*.[5] So viel zum Sehnsuchts-

4 Leonard Ilja Pfejffer, *Grand Hotel Europa*. Aus dem Niederländischen von Ira Wilhelm. München: Piper 2020.

5 Frederik Peeters / Pierre Oscar Lévy, *Château de sable*. Genf: Atrabile 2010 (*Sandburg*. Aus dem Französischen von Marion Herbert. Berlin: Reprodukt 2013).

ort Strand, unter den Palmen, bei den Geistern.

Horrorgeschichten werden dadurch wirksam, dass sie sehr reale Versatzstücke aus der Wirklichkeit enthalten, nur neu montiert. Auf einer schönen Insel im Indischen Ozean mit starken Farben, feuchtem Grün und Bewohnerinnen und Bewohnern mit dunkler Haut in allen Schattierungen, von denen die Hälfte jünger ist als fünfundzwanzig Jahre, wirken weiße Europäerinnen und Europäer über sechzig noch einmal deutlich älter, als sie ohnehin schon sind, und ihre Bäuche und Falten auch.

Man könnte das die tropische Selbstverhärmung nennen; die Kehrseite von Hermann Hesses »seligem Reiserausch«. Deswegen komme ich mir selbst mittlerweile deutlich gespenstischer vor als noch vor fünfzehn Jahren, als ich das erste Mal auf der Insel der Schönheit war. Dort, weiß ich jetzt, sehe ich alt und eher grotesk aus, werde zuvorkommend bedient und will mich dauernd darüber beklagen. So ist das Paradies in der Praxis. Es liegt am anderen Ende der Welt und ist der Ort der schrecklichen Angst, das Beste werde einem schon wieder vorenthalten.

Klimawandel und Gewohnheit

Von Martin Hartmann

Es lässt sich kaum bezweifeln, dass wir nicht genug gegen die zunehmend katastrophalen Folgen des Klimawandels tun. Warum nicht? Die Wissenschaft bietet viele Erklärungsmuster an, die in der Gesamtschau das Phänomen durchaus gut erfassen. Neben harten ökonomischen Faktoren, die den nach wie vor bestehenden Einfluss großer Energiekonzerne auf politische Einflussträger betonen, werden dabei mittlerweile auch zahlreiche weichere Faktoren verhandelt, die auf ihre Weise dazu beitragen, dass etwa die moralischen Implikationen unseres Versagens kaum angemessen begriffen werden. Unsere zentralen moralischen Kategorien, so eine in der Philosophie beliebte Erklärung, eignen sich nicht, um die Langfristigkeit und Komplexität klimaschädlichen Verhaltens zu erfassen, sie sind noch viel zu stark am Muster individuell zurechenbarer Verantwortlichkeit orientiert. Wem füge ich aber konkret Schaden zu, wenn ich mit dem Auto statt mit dem Fahrrad zum Einkaufen fahre?[1]

Andere Stimmen ziehen nicht so sehr unsere moralischen Modelle in Zweifel, sie interessieren sich eher für das, was sie moralische Korruption nennen. Im Prinzip wissen wir schon, was zu tun ist, und wir wissen auch, wie problematisch unser Verhalten etwa mit Blick auf zukünftige Generationen ist – aber wir wollen in gewisser Weise nicht wissen, was wir wissen, wir wissen und wissen zugleich nicht, wir leugnen unser Wissen, verdrängen es oder

1 Dale Jamieson, *Reason in a Dark Time. Why the Struggle Against Climate Change Failed – And What It Means for Our Future.* Oxford University Press 2014.

verfügen über ausreichend Ausweich- und Entschuldigungsstrategien, die uns dabei helfen, die Dramatik moralischer Gewissheit zu entschärfen.[2]

Man schaue sich nur die vielen entschuldigenden »Argumente« an, die besonders jene gern nutzen, die einen energieintensiven Lebensstil pflegen. »Was bringt es, wenn wir hier den CO_2-Ausstoß reduzieren, wenn andere Länder das nicht auch tun?« – »Einzelne können eh nichts ändern« – »Unser Wohlstand hängt an fossilen Energieträgern, wir dürfen ihn nicht riskieren« – »Es ist eh zu spät« – »Wir werden technische Lösungen finden« – »Ich tue doch schon genug« – »All die negativen Nachrichten sind eine Zumutung« – »Mit Verboten und Moralismus kommen wir nicht weiter« – »Ich habe keine Zeit, mich um das Klima zu kümmern« – »Ich brauche ein großes Auto, weil ich sonst Rückenschmerzen kriege« etc.[3]

Nur wer eine Moral hat, kann sich der Strenge ihrer Forderungen entziehen, sie in Zweifel ziehen oder sich mehr oder weniger gut rationalisierte Ausnahmen genehmigen. Das ist, wenn man so will, die positive Rückseite moralischer Korruption. Wir wissen eigentlich, was zu tun ist, wir tun es nicht und weichen deswegen die moralischen Forderungen auf. Das hilft, um sich im Spiegel ohne Scham anzuschauen, niemand möchte gern als unmoralisch gelten. Wer andererseits glaubt, unsere Moral sei für die spezifischen Herausforderungen des Klimawandels nicht gerüstet, beraubt zwar die Moral ihres Korruptionspotentials, zieht aber seinerseits eine Variante des Korruptionsverdachts auf sich.

An einer Moral, über die wir noch gar nicht verfügen, können wir uns nicht orientieren, also *müssen* unsere Reaktionen auf den Klimawandel unzureichend bleiben. Natürlich steht es uns frei, eine neue Moral zu entwickeln, eine, die den speziellen Herausforderungen des Klimawandels angemessen ist, aber wenn man nun beide Erklärungen unseres moralischen Versagens zusammenführt (wir wissen, was zu tun ist, aber sind moralisch korrupt; wir wissen nicht, was zu tun ist, weil unsere Vorstellungen moralischer Relevanz zu eng sind), scheint es wenig Hoffnung zu geben, dass das tatsächlich passieren wird.

Selbst wenn es uns gelänge, uns aus den Fängen der traditionellen Moral zu befreien und eine bessere zu entwerfen, könnte sich die Neigung zu moralischer Korruption ja sofort wieder durchsetzen, sie scheint nicht an spezifischen moralischen Modellen zu hängen, ist gleichsam freischwebend und kann jede noch so klimasensible Moral attackieren.

Nehmen wir diese Neigung zu moralischer Korruption einmal ernst und fragen nach ihren tieferen Quellen. Was hindert uns, die Forderungen der Moral ernst zu nehmen oder eine dem Klimawandel angepasste Moral zu entwickeln? Ich möchte hier einen Faktor nennen, der selten explizit genannt wird, auch wenn er im Hintergrund vieler Erklärungen eine gewisse Rolle spielt: Ich meine den Faktor

2 Stephen M. Gardiner, *A Perfect Moral Storm. The Ethical Tragedy of Climate Change*. Oxford University Press 2011.

3 Noel Cass/Milena Büchs/Karen Lucas, *How are High-Carbon Lifestyles Justified? Exploring the Discursive Strategies of Excess Energy Consumers in the United Kingdom*. In: *Energy Research & Social Science*, Nr. 97, März 2023.

der Gewohnheit. Diesen Faktor ausführlicher zu würdigen ist durchaus riskant, das wird sich zeigen.

Trotzdem sei einmal der nur scheinbar einfache Gedanke durchgespielt, dass es uns schlicht schwerfällt, unsere Gewohnheiten zu ändern. Mit »uns« sind dabei all jene gemeint, die im Kontext westlich kapitalistischer Staaten einen gewissen Wohlstand genießen durften, der nun auf dem Spiel zu stehen scheint. Dieser Wohlstand drückt sich nicht nur im Verfügen über ökonomisches Kapital aus, er hängt auch am Lebensstil im Ganzen, an Konsumpraktiken, Wohnformen und Wohnorten, an Weisen der Fortbewegung, der Nahrungsaufnahme und der Freizeitgestaltung. Ich drücke es so schlicht wir nur möglich aus: Wir wollen diesen Lebensstil nicht aufgeben, wir hängen an ihm, wir haben uns an ihn gewöhnt, und genau deswegen lassen wir uns immer wieder und erschreckend leicht moralisch korrumpieren, finden Ausreden, rechtfertigen Ausnahmen, leugnen negative Externalitäten unseres Verhaltens.

Aus der Sicht eines Klimaaktivisten erscheint der Verweis auf den Faktor Gewohnheit leicht angreifbar. Wenn Gewohnheit das Problem ist, wenn sich also unsere Gewohnheiten als (moralisch) schlechte Gewohnheiten erweisen, dann gilt es eben, sie zu ändern. Hört einfach auf mit dem Fliegen, esst weniger Fleisch, kauft keine spritschluckenden SUVs! Mehr ist dazu nicht zu sagen. Das Festkleben auf Straßen soll vielleicht auch das sein: die zwanghafte Sistierung einer äußerst alltäglichen Gewohnheit.

So mag sich auch die Aggression erklären, die dieser Form des Aktivismus entgegenschlägt. Tatsächlich, es geht um alles, auch um die alltäglichsten Routinen. Das spüren die, die im Auto sitzen, es geht weniger um das Problem, zu spät zur Arbeit zu kommen. Genauer betrachtet, geht es eigentlich nicht um viel, es geht um eine Fahrt von A nach B. Und trotzdem gibt es Hass, Verachtung und teilweise sogar Gewalt. Offenbar geht es doch um viel, vielleicht sogar um alles. Aber man will sein Leben nicht ändern, nicht einmal die unscheinbaren Routinen, weil sich noch im Kleinsten der Zusammenhang mit dem Ganzen zeigt, weil man intuitiv ahnt, dass eben doch alles mit allem verbunden ist.

Mindestens zwei Fragen drängen sich an diesem Punkt auf. Zum einen scheint es uns faktisch schwerzufallen, unsere Gewohnheiten zu ändern. Gewohnheiten haben eine große Resistenz, sie können nicht von heute auf morgen abgelegt werden wie ein Stück Kleidung, sie sind auch deswegen träge, weil wir sie gar nicht mehr bemerken, weil sie der Aufmerksamkeit entgleiten. Für diese Trägheit gibt es viele Beispiele. So haben manche Bewohner des im Sommer 2021 durch Überflutungen zerstörten Ahrtals in Rheinland-Pfalz ihre neuen Häuser trotz mancher Warnung wieder dicht an den Fluss herangesetzt, also dicht heran an jenen Fluss, der nicht nur ihre alten Häuser, sondern auch viele Menschenleben zerstört hat.

Die *Süddeutsche Zeitung* zitiert eine Frau, die gerade dabei war, ihr neues Zuhause an alter Stelle aufzubauen, sinngemäß mit folgenden Worten: »Ja, die Nacht vom 14. auf den 15. Juli 2021 war schlimm. Aber Mayschoß [eine Ortsgemeinde im Ahrtal] ist ihre Heimat. Die Ahr, das ist doch ihr Flüsschen.« Und: »Wir haben keine Angst, dass so eine Flut wiederkommt.«[4] Selbst diejenigen also, die von den Auswirkungen des Klimawandels unmittelbar und auf durchaus traumatisierende Weise betroffen sind, glauben mit minimalen Veränderungen (eine Fotovoltaikanlage auf dem Dach, flutsichere Keller) so viel wie möglich vom alten Leben bewahren zu können. Ist die einzig mögliche Reaktion auf das offenbar große Gewicht der Gewohnheit eine kritische? Das ist die erste Frage.

Die zweite Frage ist heikler: Verfügen Gewohnheiten über ein eigenes moralisches Gewicht, sind sie, mit anderen Worten, in gewisser Hinsicht wertvoll, so dass es fast schon unmoralisch ist, ihre schnelle Aufgabe zu fordern? Natürlich könnten beide Fragen zusammenhängen. Wir geben Gewohnheiten ungern auf, weil wir etwas an ihnen zu recht schätzen. Ich möchte aber trotzdem beide Fragen getrennt behandeln, da nicht alle Faktoren, die Gewohnheiten träge machen, mit dem Wert zusammenhängen, den sie für uns haben.

Die Trägheit der Gewohnheit

Betrachten wir also zunächst den ersten Punkt. Schon der Begriff Gewohnheit verweist auf eingespielte Verhaltens- und Wahrnehmungsweisen, die wir nicht leicht ändern. Wir trinken jeden Morgen unseren Kaffee, gehen den gleichen Weg zur Arbeit, schauen die gleichen Programme, wir folgen bestimmten Mustern des Denkens, des Urteilens, das Klassifizierens – von diesen Gewohnheiten gibt es im Alltag vermutlich Dutzende, sie machen den Alltag eben zum Alltag, zur Normalität, zum Immer-Schon und Immer-Wieder. In der Regel bemerken wir unsere Gewohnheiten so lange nicht, wie keine Störungen die vertrauten Abläufe unterbrechen.

In manchen philosophischen Traditionen hat man die Gewohnheit deswegen kritisch gesehen. Kant spricht in seiner *Anthropologie* von der Gewohnheit als einer physischen Nötigung, »nach derselben Weise ferner zu verfahren, wie man bis dahin verfahren hat«, ergänzt, dass Gewohnheiten auf »gedankenlosen Wiederholungen« beruhen und nennt ihr Wirken mechanisch und instinktmäßig, wer bloß aus Gewohnheit handelt, gerät »mit dem Vieh« in eine Klasse. Tugendhaftes Verhalten, so Kant weiter, könne niemals der Gewohnheit entspringen, es müsse immer »ganz neu und ursprünglich aus der Denkungsart hervorgehen«.[5] Wo Gewohnheit uns instinkthaft nötigt und damit fremdbestimmt, handeln wir als vernünftige Wesen selbstbestimmt und frei, als Vernunftwesen befreien wir uns geradezu vom gewohnten Verhalten.

Wie schwer eine solche Befreiung sein muss, wird schnell deutlich, wenn Gewohnheit als zweite Natur begriffen wird. Auch Kant tut das, Gewohnheiten sind *erworbene* Instinkte (er spricht vom Gewohnt*werden*), aber sind sie einmal erworben, haben sie die Wirkkraft des Notwendigen. Ein Bewusstwerden der Gewohnheit kann deswegen nicht gleich von ihr befreien, es kann höchstens die

4 Christoph von Eichhorn/Gianna Niewel, *»Nichts verstanden, nichts dazugelernt«*. In: *SZ* vom 30. Juni 2023.

5 Immanuel Kant, *Anthropologie in pragmatischer Hinsicht* [1798]. Hamburg: Meiner 2000.

genauere Gestalt der bislang unerkannten Gewohnheit vor Augen führen und wird sich dann (zunächst) ihrer Wirkung ergeben müssen. Die Diskussionen um den Klimawandel erzeugen fortlaufend Bewusstseinsschübe, sie zerren selbstverständliche Praktiken ans Tageslicht und thematisieren sie als zutiefst problematisch. Aber sie ändern wenig am konkreten Verhalten und offenbaren eine überraschend hartnäckige Wandlungsresistenz.

In der Perspektive der Gewohnheit ist das wenig überraschend, nicht ohne Grund spricht Christoph Menke der Gewohnheit eine uns knechtende Kraft zu, die sie *als* Gewohnheit besitzt. Befreiung von Gewohnheit wird entsprechend als »Freiheit der Nichtwiederholung« verstanden.[6] Zwar sieht Menke, dass Gewohnheiten durchaus auch befähigen können, ja, er spricht ihnen sogar eine »Macht des Handelns« zu, aber das Handeln, zu dem sie befähigen, ist ein Handeln wiederholender Identität. Wer Fahrradfahren kann, *kann* etwas; aber das Können besteht in sich stets wiederholenden Bewegungsabläufen, eine Freiheit, diese Wiederholung zu brechen, besteht so lange nicht, wie man eben Fahrradfahren will.

Menke verkennt allerdings, dass die Trägheit der Gewohnheit unseren Handlungsabläufen nicht einfach als solchen innewohnt. Gewohnheiten haben eine Stütze im Außen, also in einer Umwelt, die Gewohnheit trägt und erhält. Nicht jeder Boden eignet sich zum Fahrradfahren. Auch für die wandlungsresistenten Gewohnheiten unseres energieintensiven Lebensstils dürfte gelten, dass ihre Trägheit die Trägheit der Gesellschaft spiegelt. Es sind die gesellschaftlich vielfältig materialisierten Formen des Weiter-So, die der Gewohnheit erst die Luft zum Atmen geben, die sie benötigt, um sich in ihren Wiederholungen zu erhalten und die sich durch eine Rhetorik des dringlichen Wandels nicht brechen lassen. Wir machen weiter, weil wir, *grosso modo*, weitermachen können.

Für die Perspektive des Klimaaktivismus enthalten diese Überlegungen eine ernüchternde Botschaft. Individuelle Verhaltensumstellungen, so löblich sie sein mögen, müssen einem kollektiv beharrenden Ganzen immer wieder mühselig abgerungen werden und unterliegen so einer gewissen Fragilität. Individuelle Gewohnheiten *gegen* die Gewohnheiten des Sozialen durchzuhalten ist nicht leicht, an vielen Punkten macht man es, wie alle es machen, weil alternative Angebote nach wie vor rar sind. Man kann es im falschen Ganzen eben höchstens punktuell richtig machen. Es sei wiederholt, die Straßenblockierer ahnen das; sie blockieren die kapitalistische Gesellschaft gleichsam an ihrem dynamisch-automobilistischen Herzen, weil sie wissen, wofür es steht.[7]

Sie geben sich damit freilich immer wieder schutzlos der Lächerlichkeit preis, die ihre Aktionen kennzeichnet, denn einen mächtigen Waldbrand mit einer kleinen Spritzpistole zu löschen, *ist* lächerlich. Revolutionen müssen einen Anfang haben, natürlich. Wird aber der Faktor der Träg-

6 Christoph Menke, *Theorie der Befreiung*. Berlin: Suhrkamp 2022.

7 Zum Automobilismus vgl. das sechste Kapitel in Ulrich Brand / Markus Wissen, *Imperiale Lebensweise. Zur Ausbeutung von Mensch und Natur im globalen Kapitalismus*. München: Oekom 2017.

heit der Gewohnheit ernst genommen, ergibt sich nicht nur, dass es dauern kann, es ergibt sich auch, dass sich unser Lebensstil und unsere Lebensform umfassend ändern müssen, wenn individuelle Verhaltensänderungen stabilisiert neuen Mustern folgen sollen.

Die Normativität der Gewohnheit

Damit kann der zweite Punkt verhandelt werden. Haben wir ein Recht auf unsere Gewohnheiten? Sind Gewohnheiten sogar auf eine fundamentale Weise wichtig für das Menschsein? Die Philosophiegeschichte bietet auf diese Fragen überraschend vielfältige Antworten, die weit über die eher einseitige Kritik Kants am Mechanischen der Gewohnheit hinausgehen.

Schon bei Hegel gibt es eine deutlich differenziertere Sicht. Er sieht wie Kant das Unfreie der Gewohnheit, etwa der üblen Gewohnheit, die man nicht loswird, obgleich man sich von ihr befreien möchte; er sieht aber auch den freisetzenden Charakter der Gewohnheit. In dem Maße etwa, indem wir gegen äußerliche Empfindungen wie Kälte, Hitze oder Müdigkeit durch Gewohnheit abgehärtet sind oder indem wir unseren Leib geschickt zu steuern wissen, können wir unsere Aufmerksamkeit anderen Dingen zuwenden und gewinnen damit ein gewisses Maß an Freiheit, wir mögen die Kälte und die Hitze zwar noch spüren, aber in der Abhärtung sind wir nicht mehr in sie »verwickelt«, sie sind, in Hegelscher Diktion, zum »bloßen Sein herabgesetzt«.[8] In gleicher Weise können wir unseren Leib zum Instrument unserer Zwecksetzungen machen, wenn wir ihn geschickt beherrschen. Einfacher formuliert: Wer Fahrradfahren lernt, ist mit dem Lernen beschäftigt und strebt noch nicht danach, von A nach B zu kommen; wer aber Fahrradfahren kann, setzt sich Ziele und fährt hierhin oder dorthin.

Spätere Ansätze der Philosophie haben dieses Motiv der Freisetzung durch Gewohnheit radikalisiert, berühmt ist die These vom Menschen als instinktarmem Mängelwesen, das sich eine Welt aus stabilen Institutionen und allgemein zu befolgenden Normen erst schaffen muss. In diesem Prozess der Kultivierung des Menschen spielt Gewohnheit freilich eine entscheidende Rolle. Unsere »höheren« geistigen und moralischen Funktionen, so Arnold Gehlen, können sich nur auf dem Boden »stabiler Basisgewohnheiten« entfalten, denen damit eine entlastende Rolle zugesprochen wird.[9] Je mehr Gewohnheiten wir ausbilden können, desto eher werden Kräfte und Energien freigesetzt, die wir zum Aufbau einer dem Menschen zuträglichen Welt einsetzen können.

Bei aller Abstraktheit des Modells sieht man schnell, wie groß der normative Status der Gewohnheit werden kann. Es sind ja nicht gerade oberflächliche Gewohnheiten, die durch die Problematik des Kli-

8 G. W. F. Hegel, *Enzyklopädie der philosophischen Wissenschaften III*. Frankfurt: Suhrkamp 1970 (§ 410); vgl. Matthias Haase, *Geist und Gewohnheit. Hegels Begriff der anthropologischen Differenz*. In: Andrea Kern / Christian Kietzmann (Hrsg.), *Selbstbewusstes Leben. Texte zu einer transformativen Theorie der menschlichen Subjektivität*. Berlin: Suhrkamp 2017.

9 Arnold Gehlen, *Der Mensch. Seine Natur und seine Stellung in der Welt*. Wiesbaden: Athenaion 1976.

mawandels herausgefordert werden. Eher geht es um unsere Lebensform als Ganze. Würde es uns nun aber gegen alle Trägheit gelingen, viele unserer Basisgewohnheiten gleichzeitig zu sistieren, könnte der Preis dafür eine fundamentale Verunsicherung sein, die unsere Energien gleichsam an Punkten fesselt, die einer Bekämpfung des Klimawandels kaum zuträglich sein dürften. Wenn es nämlich stimmt, dass Gewohnheiten eine entlastende Rolle spielen und unsere Aufmerksamkeit auf kreative Weise freisetzen, dann könnte es für die Bekämpfung des Klimawandels auf eigentümliche Weise nötig sein, nicht nach einer totalen Destruktion unserer gegenwärtigen Lebensform zu verlangen, so sehr diese aus einer klimaaktivistischen Sicht naheliegt.

Das entscheidende Stichwort dürfte hier das der Kreativität sein. Um kreativ auf Herausforderungen zu reagieren, brauchen wir im wahrsten Sinn des Wortes Spielräume, die wir aber nur dann gewinnen, wenn wir nicht auf einen Schlag unsere gesamte Praxis infrage stellen. Zweifellos hat dieses Argument einen konservativen Einschlag. Aber der konservative Zug besteht nicht in einer bloßen Verteidigung des Alten. Eher geht es darum, nach realistischen Wegen einer Transformation des Alten zu suchen. Wer sich im Namen der Freiheit vor einer vermeintlichen »Klimadiktatur« fürchtet, baut in gewisser Weise eine falsche Gegnerschaft auf, indem der klimaaktivistischen Bewegung unentwegt unterstellt wird, sie wolle freiheitliche Grundrechte abbauen. Aber eine kluge Politik des Klimawandels will Freiheit nicht abbauen; sie will sie vielmehr auf weniger destruktive Weise nutzen und einsichtig machen, wie sehr Freiheit in allen ihren Deutungen und Anwendungen nur überleben kann, wenn sie ökologisch eingebettet ist.[10]

Intelligente Gewohnheit

Ein fundamentaler Angriff auf überkommene Freiheitsrechte ist eher dann zu erwarten, wenn eine an Katastrophen geschulte Kriegs- oder Pandemielogik als Orientierung für den Umgang mit der ökologischen Notlage dient.[11] Aktivismus von oben aber hat wenig Aussicht auf Erfolg, so dringlich der Handlungsbedarf auch ist. Stattdessen muss darüber nachgedacht werden, wie sich statische Gewohnheitsmuster in intelligente Gewohnheiten verwandeln lassen, also in Gewohnheiten, in die gleichsam die Bereitschaft integriert ist, auf gebrochene Handlungserwartungen explorativ zu reagieren, um mögliche Mittel der Problemlösung ausfindig zu machen.[12]

Es stimmt ja, selbst höherstufige Gewohnheiten haben die Tendenz, die sie ermöglichenden Ausgangsbedingungen auf Dauer zu stellen und auf Wandlungen dieser Bedingungen defensiv und damit oft destruktiv zu reagieren. Diese konservative Tendenz aber ist den Gewohnheiten nicht als unausweichliches Schicksal

10 Pierre Charbonnier, *Überfluss und Freiheit. Eine ökologische Geschichte der politischen Ideen*. Aus dem Französischen von Andrea Hemminger. Frankfurt: Fischer 2022.

11 Vgl. Andreas Malm, *Corona, Climate, Chronic Emergency. War Communism in the Twenty-First Century*. London: Verso 2020.

12 Martin Hartmann, *Die Kreativität der Gewohnheit. Grundzüge einer pragmatistischen Demokratietheorie*. Frankfurt: Campus 2003.

eingerammt, dafür sorgt schon ihre Angewiesenheit auf eine stützende Umwelt. Gehlens Gegensatz von niederen Basisgewohnheiten und »höheren« geistigen und moralischen Funktionen ist insofern irreführend. Intelligente Gewohnheiten sind lernoffen, weil in ihnen das Wissen steckt, dass sie das, was sie erhalten wollen, rein aus sich heraus nicht erhalten können. Stanley Cavell hat einmal über Konventionen gesagt, dass sie sich wandeln können (müssen), weil sie im besten Fall ein Projekt inspirieren, von dem man nicht a priori wissen kann, wie es sich am besten fortsetzen lässt. Zu einer guten Konvention gehört folglich, dass sie sich *als* Konvention wandeln lässt.[13] Ähnlich kann man von Gewohnheiten sagen, dass sich ihr Entlastungsmoment in ein Belastungsmoment verwandelt, wenn sie auf ihrer Trägheit insistieren oder blind fortgeführt werden.

So wird es einerseits darauf ankommen, besser zu verstehen, dass die Idee eines totalen Bruchs mit Vergangenem und Gewohntem wohl mit zu vielen Widerständen rechnen muss, um die nötigen Wandlungsprozesse einzuleiten. Das liegt nicht daran, dass uns Gewohnheiten *als* Gewohnheiten knechten. Gewohnheiten sind nicht nur Mechanismen sinnbefreiter Wiederholung. Sie sollten in ihrer Leiblichkeit und Weltlichkeit gesehen werden. Die Suche nach neuen und besseren Gewohnheiten muss hier ansetzen, sie *kann* aber auch hier ansetzen.

Von John Dewey stammt der Satz, nur der, der eine korrekte Körperhaltung praktisch einzunehmen weiß, könne die Idee einer korrekten Körperhaltung entwickeln. Die Handlung müsse vor dem Gedanken kommen.[14] Das klingt schlicht, ist es aber nicht. Nach Dewey folgt daraus nämlich, dass am Anfang eines neuen Gedankens eine neue Gewohnheit steht, also eine Handlung, die ganz leicht von überkommenen Handlungsmustern abweicht, aber noch genug in ihnen ruht, um praktische Wirksamkeit zu entfalten. Die Konzentration gilt nicht dem Bruch mit der Gewohnheit, sie gilt ihrer Modifikation, sie gilt, wenn man so will, der in sie eingelagerten praktischen Intelligenz, die unter gewandelten Handlungsumständen freigesetzt werden muss und erst dann neue Wege suchen kann.

Darin, nicht unbedingt in ihrer entlastenden Funktion, liegt die eigentümliche Normativität der Gewohnheit. Gehlens »höhere« geistige und moralische Funktionen sollten nicht der Gewohnheit entgegengesetzt werden, sie müssen in Wirklichkeit aus ihr hervorgehen, müssen mit ihr wachsen. Sonst bleiben sie leere Funktionen, die der moralischen Korruption leicht zum Fraß werden.

13 Stanley Cavell, *Der Anspruch der Vernunft. Wittgenstein, Skeptizismus, Moral und Tragödie*. Aus dem Amerikanischen von Christiana Goldmann. Frankfurt: Suhrkamp 2006.

14 John Dewey, *Human Nature and Conduct* [1922]. *The Middle Works*, 1899–1924. Bd. 14. Carbondale/Edwardsville: Southern Illinois University Press 1983.

Vertreibung Über vererbte Traumata und listenreiche Nostalgie

Von Jens Kastner

And everything you see leaves
a mark on your soul,
Everything you feel leaves
a mark on your soul,
Everything you touch leaves
a mark on your soul,
Everything you make leaves
a mark on your soul
Bad Religion, *Marked*

Deutschland, 1945 in vier Zonen eingeteilt: Auf einem Zeitstrahl wird die Geschichte der DDR bis zur Wiedervereinigung dargestellt. Nach Kriegsende kommt die Zoneneinteilung, darauf folgt 1949 die Gründung der beiden Staaten DDR und Bundesrepublik.[1] Gut, es ist nur ein Kinderbuch, das mein Sohn für sein Referat über den Mauerfall benutzt. Aus welchem Teil kam der Opa noch mal? Vielleicht ist es aber symptomatisch, dass da etwas fehlt. Mein Vater kam aus Schlesien.

Innerhalb linker Diskurse wurde das Wort Vertreibung häufig in Anführungszeichen gesetzt. Das ist irgendwie paradigmatisch für den Umgang mit komplexen, unbequemen Themen. Als ließe sich durch sprachpolitische Maßnahmen die Heftigkeit der sozialen Tatsachen abschwächen oder gar zu nicht ganz wirklichen machen.

Rund zwölf Millionen Deutsche mussten am Ende des Zweiten Weltkriegs oder im Lauf der Monate nach dem alliierten Sieg über das nationalsozialistische Deutschland ihre Wohnungen, Häuser und Höfe im Osten des (bald ehemaligen) Deutschen Reiches auf Nimmerwiedersehen verlassen. »In den großen alliierten Kriegskonferenzen von Teheran (1943), Jalta (Februar 1945) und Potsdam (Juli/August 1945)« wurde »die Verschiebung des polnischen Verwaltungsgebietes bis an Oder und Neisse durchgesetzt«.[2] Politisch gesehen kann das als gerechte Strafe für ihre größtenteils gewährte Unterstützung für die Nazis oder ihr Nazi-Sein gewertet werden, den Tatbestand der Vertreibung tangiert diese Wertung aber nicht. Meine Großeltern und ihre beiden Söhne hatten vierundzwanzig Stunden Zeit, um ihre Sachen zu packen. Polnische Soldaten zwangen sie zum Gehen. Oder waren es polnische Milizen oder russische Soldaten?

Das war im Oktober 1946, mein Vater war fast sechzehn, sein Bruder kurz vor seinem zehnten Geburtstag. Ich weiß über die Flucht selbst fast nichts. Mein Vater hat die Geschichte so oft erzählt, dass ich nicht mehr richtig hingehört habe. Lese ich heute Berichte darüber, kann ich nicht anders, als sie als traumatisch einzuschätzen. Hunger und Kälte über Wochen, die endgültige Entwurzelung und eine totale Ungewissheit in Sachen Zukunft, das

1 Susan Schädlich/Alexander von Knorre, *Wie war das in der DDR? Einblicke in die Zeit des geteilten Deutschland*. Hamburg: Carlsen 2019.

2 Hans Lemberg, *Flucht und Vertreibung in der Zeit des Zweiten Weltkrieges*. In: Rudolf Mühlfenzl (Hrsg.), *Geflohen und Vertrieben. Augenzeugen berichten*. Königstein/Ts.: Athenäum 1981.

kann nicht spurlos an Menschen vorübergehen.

In dem Jahr, in dem mein Vater geboren wurde, veröffentlichte Sigmund Freud seine Schrift *Das Unbehagen in der Kultur* (1930). Darin versichert er ziemlich am Anfang, dass bei allem Unwissen über das Fortwirken der Vergangenheit daran festgehalten werden kann, »daß die Erhaltung des Vergangenen im Seelenleben eher Regel als befremdliche Ausnahme ist«. Das Vergangene bleibt permanenter Bezugspunkt. Die Sehnsucht nach der Heimat, durchaus nach einem geografischen Ort, wurde schon im 17. Jahrhundert als »Bezeichnung einer Krankheit« eingeführt,[3] wie die Philosophin Barbara Cassin aufzeigt, und »Nostalgie« genannt. Vielleicht eine Erbkrankheit.

Beidem zusammengenommen, Vergangenheit und Heimatverlust, gehen jedenfalls Jahrzehnte nach Freud die Traumaforschung und die Arbeit mit von Fluchterfahrungen Traumatisierten nach. Sie beschäftigen sich auch mit den Effekten der Traumata für die Nachgeborenen. »Die therapeutische Arbeit mit traumatisierten Geflüchteten konfrontiert uns mit Lebensgeschichten, die von zahlreichen Verlusten, überwältigenden Ereignissen, Erfahrungen von Ohnmacht, Hilflosigkeit und Ausgeliefertsein gekennzeichnet sind, deren zerstörerische Kraft sich oft erst nach dem Ankommen in einem als sicher erhofften Ort entfaltet.«[4] Werden solche

3 Barbara Cassin, *Nostalgie. Wann sind wir wirklich zuhause?* Aus dem Französischen von Christine Pries. Berlin: Suhrkamp 2021.

4 Marianne Rauwald (Hrsg.), *Vererbte Wunden. Transgenerationale Weitergabe traumatischer Erfahrungen*. Weinheim: Beltz 2020.

Erfahrungen nicht verarbeitet (was auch immer das genau heißen mag), ist ihre Weitergabe an die nächste Generation so gut wie vorprogrammiert (wie auch immer sich das äußern mag). Die Kinder der Traumatisierten müssen zumindest »als Container fungieren« für Hoffnungen auf eine bessere Zukunft.

Die Traumata haben also nicht nur die Betroffenen, sondern solch grundlegende Erfahrungen von Schmerz und Verlust werden vererbt. (Auch wieder ganz unabhängig davon, ob man meint, die Deutschen hätten es nicht anders verdient oder nicht.) »Vererbte Wunden« sind das dann, wie sie in der Forschung zur transgenerationalen Weitergabe traumatischer Erfahrungen genannt werden. Uns wird diese Erbschaft umgehängt, bevor »eine aktive Aneignung dieses Erbes möglich wird«. Eine mögliche Aneignung, die etwa durch Auslassung in Kinderbüchern zur Geschichte Deutschlands nur umso unwahrscheinlicher wird. Traumata sind dann besonders schwer zu bearbeiten und sie werden dann besonders wahrscheinlich weitergegeben, wenn nicht über sie gesprochen wird. Es scheint eine Art Konsens in der Traumaforschung zu sein, dass Traumata verschwiegen oder zumindest kaum artikuliert werden: »Über die traumatische Erfahrung herrscht Sprachlosigkeit«. Wie also Wunden lecken?

Ich weiß zwar über die konkrete Flucht meines Vaters, meines Onkels und meiner Großeltern sehr wenig. Das bedeutet aber nicht, dass sie nicht Thema gewesen wäre. Im Gegenteil, dass die Vertreibung stattgefunden hatte, wusste ich von klein auf (von der Schoa hingegen erfuhr ich erst auf dem Gymnasium). Die Herrschaft der Sprachlosigkeit ist offenbar nicht immer mit Ver- und Beschweigen gleichzusetzen, sondern sie beschreibt vor allem die Produktion von Unsagbarem und Unaussprechlichem, während zugleich ständig über die Erfahrungen gesprochen wird.

Was Günter Grass mit *Im Krebsgang* (2002) angeblich angestoßen hatte, ein Reden über die Vertreibung der Deutschen, war im Privaten längst präsent, fand statt. Dass über die Vertreibung der Deutschen aus den ehemaligen Ostgebieten nicht gesprochen wurde, stimmt also nicht. Im öffentlichen Diskurs mag es eine Zurückhaltung gegeben haben, die aus berechtigter Vorsicht vor Gleichsetzungen mit der Schoa allzu emphatische Bezugnahmen auf die Leiden der Vertriebenen verhinderte (außer, nicht zu vergessen, von diesen und ihren bis in die 1980er Jahre nicht wenig einflussreichen Verbänden selbst). Zuhause aber wurde gesprochen, gemahnt, verglichen. Auch sie seien in so einem Viehwagon transportiert worden, sagte mein Vater beim Gucken einer Fernsehdokumentation zum Holocaust. Die Karte der Grafschaft Glatz hing bei uns im Keller, auch der nachgebaute Bollerwagen stand dort und war ständige Mahnung an Erlittenes.

Aber auch öffentlich waren es bei Weitem nicht nur die Vertriebenenverbände, die Flucht und Vertreibung thematisierten. Auch wenn vor allem sie es waren, die sich Gehör verschafften und bis in die 1980er Jahre versuchten, die Ost-Politik der Regierung Willy Brandts infrage zu stellen. (Herbert Hupka, Präsident der Landsmannschaft Schlesien, hatte 1985 für das Treffen seines Vereins die Parole »40 Jahre Vertreibung – Schlesien bleibt unser!« ausgegeben. Kanzler Kohl sagte deshalb seine Rede ab, konsensfähig war diese Position also auch in konservativen Kreisen nicht mehr.)

Auch Bücher wie etwa der im Vergleich zur Grass'schen Erzählung literarisch wie politisch so viel bessere Roman *Heimatmuseum* von Siegfried Lenz können diese öffentliche Präsenz des Themas belegen. Erschienen war er bereits 1978. »Taucher können unseren Fluchtweg rekonstruieren«, schreibt Lenz, »auf dem Grund des Haffs und der Ostsee, von Fischen bewohnt, von Seepocken beschlagnahmt und besiegt vom Rost, liegen noch heute die unzähligen Zeugen unseres verzweifelten Zuges nach Westen, kolossale Findlinge der Not, Wegzeichen selbstverschuldeten Unglücks, die erbarmungslose Antwort der Gewalt, die wir selbst gesät hatten.«[5]

So eingängig berichtet Lenz seitenlang von Flucht und Vertreibung, die selbstverständlich auch Leid (von Deutschen) mit sich brachten, Tod, Verzweiflung, so drastisch und zugleich lakonisch beschrieben (vom mit Honig verklebten Kleid der Mutter bis zum Tod des Sohns des Protagonisten), dass man sich wundern muss, wie Grass mit *Im Krebsgang* eine solche Debatte hat auslösen können über angeblich erstmals beschriebenes »deutsches Leid«. Vielleicht gerade deshalb, weil Grass, anders als Lenz, nicht von selbstverschuldetem Unglück und gesäter Gewalt geschrieben hatte. Da hatte sich die kollektive Erinnerung offenbar doch dem Vertriebenen-Diskurs angenähert (und selbst die Kohl'sche Distanznahme implizit zurückgenommen).

Vom Trauma, das den Vertriebenen zeitlebens bleibe, schreibt der Herausgeber einer Sammlung von Zeitzeugenberichten aus der damaligen schlesischen Grafschaft Glatz, er nennt sie Opfer einer »geschichtlich einmaligen Katastrophe«.[6] Dass mit dieser Formulierung die Schoa relativiert wird, ist mehr als ein Verdacht, zumal sie ebenso wie die Verbrechen der Wehrmacht, die Verfolgung politisch Andersdenkender und Hitlers willige Vollstrecker (auch in Schlesien) nirgendwo im Band Erwähnung findet. Genauso im Beitrag von Hans Blaser, der 1986 im selben Buch die Vertreibung der Deutschen zwar über weite Strecken faktisch korrekt rekonstruiert, sie dann aber auch ein Schicksal von »solcher geschichtlicher Tragweite« nennt, »für das uns die geläufigen Maßstäbe der europäischen Geschichte im Stich lassen«.[7]

Das ist die eine Form des exklusiven und relativierenden Erinnerns der deutschen Vertriebenen. Die andere ist leicht anders gelagert, aber auch nicht besser: In einer anderen Sammlung von Berichten, die Zeitzeugen über ihre letzten Tage in Schlesien verfasst haben, notiert Herbert Hupka: »Niemand wird leugnen dürfen oder auch wollen, was zuvor Russen und Polen und Juden von Deutschen haben erleiden müssen. Doch was geschehen ist«, schreibt er in Bezug auf die Vertreibung weiter, »setzte in brutaler Weise die Ver-

5 Siegfried Lenz, *Heimatmuseum* [1978]. München: dtv 2011.

6 Peter Großpietsch, Vorwort. In: Ders. (Hrsg.), *Die Grafschaft Glatz/Schlesien 1945/1946. Vom Kriegsende bis zur Vertreibung.* Lüdenscheid: Zentralstelle Grafschaft Glatz/Schlesien e. V. 2001.

7 Hans Blaser, *40 Jahre Vertreibung. Nur Wahrheit führt zu Freundschaft und neuer Nachbarschaft* [1986]. In: Großpietsch (Hrsg.), *Die Grafschaft Glatz/Schlesien.*

brechen fort und kann durch die Verbrechen zuvor nicht entschuldigt werden.«[8]

Immerhin wird die nationalsozialistische Vernichtungspolitik angedeutet, wenn sie auch nicht so genannt wird. Aber dass die Leiden der Vertriebenen als Fortsetzung einer gleichsam abstrakt waltenden, historischen Gewalt beschrieben werden, die die Deutschen zu Opfern wie die Jüdinnen und Juden gemacht habe, auch das ist eine Form der infamen Relativierung. Kein Wunder also, dass man von links zum Mittel der Anführungszeichen griff, um solchen reaktionären Erzählungen und ihren Protagonisten das legitimatorische Wasser abzugraben.

Meine Tante, die Frau des Bruders meines Vaters, ist die Einzige, die ich noch fragen kann. (Warum sind sie in Gelsenkirchen gelandet? Mein Opa hatte in Schlesien im Bergbau gearbeitet, da bot sich das Ruhrgebiet offenbar an.) Meine Mutter weiß nicht viel über die Flucht, viel hat mein Vater ihr vielleicht nicht erzählt. Oder sie hat, wie wir Kinder, bei dessen immer gleichen Geschichten irgendwann auf Durchzug geschaltet. 1942 in Essen geboren, hat sie in ihren ersten drei Lebensjahren 243 Bombenangriffe auf die Industriestadt im Ruhrgebiet miterlebt. Sie mochte die Sirenen nicht, die am Samstagmittag immer das Wochenende bekanntgaben.

Die Weitergabe traumatischer Erlebnisse ist vielschichtig und hat vielfältige Effekte. Die Auswirkungen betreffen auch den Stand in der Welt, die Positionierung im zur zweiten Natur gewordenen Sozialen, das Gefühl, selbstverständlich am richtigen Ort zu sein (oder eben nicht). Mein Vater blieb nicht in Gelsenkirchen, sondern entfloh nach dem – nach eigenen Auskünften entbehrungsreichen – Studium der Stadt, der Klasse, dem Milieu. Diesmal relativ unabhängig von den Alliierten, aber sicherlich auch auf der Grundlage der temporären Ergebnisse ihrer geostrategischen Kämpfe. Als Ingenieur für Krupp ins Ausland. Kanada, Südafrika, Pakistan (kann sein, dass die Reihenfolge eine andere war).

Weil der Schah von Persien kein Englisch und bei Krupp sonst niemand Französisch sprach, führte mein Vater den Diktator 1961 mit seinem Schulfranzösisch über die Industrieausstellung in Teheran. (Es gibt ein Foto, anhand dessen ich ein weiteres Mal meine Erinnerungen aktiviere.[9] Weitere Quellen: ein Brief und Erzählungen meines Vaters.) Er war der ganze Stolz seiner Eltern, schreibt meine Tante mir in einer Mail. Der erste Akademiker in seiner Familie, betonte mein Vater oft. Für das Studium des jüngeren Bruders reichte das Geld nicht, schreibt meine Tante. Der wohnte bis zur Hochzeit bei seinen Eltern, und sie zogen dann irgendwann in die Nachbarstadt.

Was nicht selbstverständlich ist, muss verständlich gemacht werden. Intellektuell und/oder gefühlsmäßig. Sich die Dinge anverwandeln, nennt der Soziologe Hartmut Rosa das. Für Situationen und ganze Lebenslagen gilt das auch (nicht nur für Dinge). »Ob Leben gelingt oder misslingt«, schreibt Rosa, »hängt davon ab,

8 Herbert Hupka (Hrsg.), *Letzte Tage in Schlesien. Tagebücher, Erinnerungen und Dokumente der Vertreibung*. München: Langen Müller 1981.

9 Jens Kastner, *Ulrike Meinhof, der Schah von Persien und mein Vater. Zur Bedeutung von 1968*. In: *Merkur*, Nr. 829, Juni 2018.

auf welche Weise Welt (passiv) erfahren und (aktiv) angeeignet oder anverwandelt werden kann.«[10] Wenig deutet darauf hin, dass Aneignen und Anverwandeln allen gleichermaßen gut gelingen kann, zu unterschiedlich sind die Voraussetzungen. Der Klassenwechsler hat es schwerer als jene, die ihrem Milieu treu bleiben. Er hat immer einen gespaltenen Habitus, kann die verkörperten Dispositionen stets nur bedingt zur Anwendung bringen und ist immer auf Improvisation angewiesen, die umso schwieriger ist, je weniger die Disposition wie von selbst in legitime Praxis umgesetzt werden kann. Ein Dilemma.

Dilemmata werden unterschiedlich verarbeitet. Nicht alle Wechslerinnen und Wechsler von Klassen, Milieus und anderen »Kulturen« werden durch die Wechselerfahrung automatisch sensibler oder gar emanzipatorisch in ihrer Haltung. Nicht alle eignen sich die eigene Vergangenheit auf die Art und Weise an wie etwa Raymond Williams und Stuart Hall, die ihre zum Teil dem Wechsel von Ort und Klasse geschuldete Aufmerksamkeit für Differenzen mit einem Kampf gegen die Ausgrenzung verbanden. Die Schlesier der Vertriebenenverbände pflegten, in den Begriffen von Williams gesprochen, mehrheitlich ihre residualen Praktiken und sperrten sich gegen emergente.[11] Auch deshalb tauchen sie im ganzen Diskurs um Diaspora-Erfahrungen nicht auf, sie wechselten innerhalb einer Nation den Ort und rahmten ihre Erfahrungen nationalistisch.

Das Dilemma des notwendigen und notwendig schwierigen Improvisierens erklärt auch die Gier nach Bestätigung. Mein Vater führt alle Gäste durchs Haus und fordert lobende Kommentare zu den selbstgefertigten Möbeln heraus, meist nachgebaute Exemplare irgendwelcher rustikaler Einrichtungsgegenstände (Lampen, Schränke, Tische, Stühle, Bar). Ist das mit dem kurzen Kick der Veröffentlichung eines geschriebenen Artikels vergleichbar? Identitätslegitimierungsversuche. Der berufliche Erfolg war vielleicht Grundlage, aber um dessen Anerkennung ging es nicht so sehr wie um die soziale Legitimierung. Und wo die Herkunft nichts hergibt, muss irgendeine Leistung hergezeigt werden.

Ein erzwungener Neuanfang ohne Vorbilder. Der erste Akademiker, der erste Manager. Die feinen Unterschiede mühsam notieren, erst lernen müssen, den Löffel nach dem Umrühren in der Kaffeetasse nicht stehen zu lassen, sondern ihn auf die Untertasse zu legen. Er genoss es, wenn die Kellner ihn mit Namen ansprachen, wenn er mit Kreditkarte bezahlt hatte, was damals noch kaum jemand tat.

Mein Vater hatte auch *Der Schlesier. Breslauer Nachrichten* abonniert. Die Wochenzeitung war seit 1948 bis in die 1980er Jahre das Zentralorgan der Landsmannschaft Schlesien. *Der Schlesier* hielt nicht nur den Anspruch auf Rückgabe der verlorenen Gebiete aufrecht, sondern relativierte auch die Kriegsschuld des Deutschen Reiches. Irgendwann war er selbst der Landsmannschaft zu rechts, die sich

10 Hartmut Rosa, *Resonanz. Eine Soziologie der Weltbeziehung*. Berlin: Suhrkamp 2018.

11 Williams unterscheidet »residuale« kulturelle Praktiken, die in der Vergangenheit geformt sind und als vergangene Elemente zu effektiven Teilen der Gegenwart werden, von »emergenten« Prozessen und Praktiken, die Neues hervorbringen und andere als dominante Beziehungsformen einrichten. Raymond Williams, *Marxism and Literature*. Oxford University Press 1977.

1988 von dem Blatt trennte, das aber bis 2015 weiterbestand. Im *Grafschafter Boten*, einer anderen Zeitung der vertriebenen Schlesier und ihrer Nachfahren, die bis heute existiert, werden für alle möglichen Städte und Ortschaften in Schlesien (unter ihren deutschen Namen) »Berichterstatter« angegeben. Die kann man anschreiben, wenn man Fragen hat. (Kaum zu glauben, wie lang die Liste ist. Die müssen doch alle längst tot sein.)

Da keine Mailadresse angegeben ist, schreibe ich einen Brief an Herrn L., den »Berichterstatter« für Kunzendorf (heute Drogosław), wo mein Vater geboren wurde und die Familie damals lebte. In der Heimat. So wurde sie auch Jahrzehnte später noch genannt. L. antwortet mir per Mail und kann mir tatsächlich Dinge schreiben, die ich nicht wusste: In der Chronik des Ortes gibt es offenbar einen Eintrag zu meinem Großvater, der im Ortsteil Kohlendorf gewohnt habe und »Bergwerksassistent« war. Der Mailwechsel ist nett, dann verabschiedet er sich »mit heimatlichen Grüßen«. Eine Anrufung, der sich schwer zu erwehren ist, wenn man schon mal nachfragt. Aber ererbte Traumata stiften trotz geteilter Geschichte nicht automatisch eine Gemeinschaft. »Links ist da, wo keine Heimat ist« hieß 1994 eine linke Tagung, bei der ich war. Der Heimatbegriff ist keine linke Option, weil er immer im Vergangenen festhängt und das aktive Aneignen abwertet.

Traumata werden anders weitergereicht und vererbt als ein Schreibtischstuhl. Der Stuhl bleibt immer gleich, nutzt sich vielleicht ab, aber die Erinnerungen sitzen nur auf ihm drauf, stecken nicht drin. Die Traumata sind viel wandelbarer, werden bewusst oder unbewusst ständig in neue Formen geknetet. Sie stehen auch nicht irgendwo außen herum, sondern man schleppt sie permanent mit sich. Beim Kneten entsteht Depression. Etwas wird heruntergedrückt. Das Nichtselbstverständliche quillt hervor. Es wird bearbeitet mit der Suche nach Bestätigung und Anerkennung von außen. Vielleicht weil sich innen nichts von selbst versteht. Depression als nicht ortsgebundene Nostalgie.

Aber die Suche nach dem Erbe gestaltet sich schwierig. Unter den posttraumatischen Belastungsstörungen, die Sabine Bode über Kriegskinder in *Die vergessene Generation* (2004) auflistet, finde ich keine Eigenschaft, die für meine Eltern besonders typisch gewesen wäre. Flashbacks, das Vermeiden von Gesprächen oder Meiden von Orten, die das Trauma reaktivieren könnten, Schlafstörungen usw. Sicher, Reizbarkeit und Wutausbrüche zeichneten meinen Vater bestimmt aus, meine Mutter aber nicht und meinen Onkel, soweit ich weiß, auch nicht. Schließlich bleiben persönliche Rückschlüsse schwierig, auch wenn das Kollektive immer im Individuellen ist.

Vielleicht sind die »ererbten Wunden« nicht verheilt, aber verkrustet, ohne dass sich die Krusten noch von anderen, im Laufe des Lebens entstandenen, unterscheiden lassen. Man versteht vielleicht, dass der 8. Mai in Deutschland kein Feiertag ist, weil mindestens zwölf Millionen Leuten am Ende des Krieges kein bisschen zum Feiern zumute war (vermutlich wesentlich mehr). (Bei der Koppelung von Vertreibungserfahrung mit Geschichtsrelativismus und konservativen Werten hört das Verständnis aber auch auf.) Aber über die individuell vererbten Traumata und über das Gewicht, mit dem sie auf der Gestaltung der Gegenwart lasten, lässt sich wenig Allgemeines sagen. (Depressionen gibt es auch ohne Traumata, Anerkennungssucht ebenfalls.)

Die Ununterscheidbarkeit der Krusten und ihrer Effekte spräche für die Möglichkeit der einigermaßen selbstbestimmten Aneignung. Denn die Erbschaft wird real nur dann, wenn es jemanden gibt, der sie sich aneignet, schreibt Gabriella Paolucci in ganz anderem Zusammenhang (über das intellektuelle Erbe von Marx bei Bourdieu).[12] Beim Aneignen etabliert sich eine Praxis, die das Ererbte nicht in einen Fetisch verwandle, sondern die es in ausgewählten Teilen aufgreife. Vielleicht ist das eine Form der vermittelten Trauerarbeit.

Damit etwas angeeignet werden kann, darf es nicht verleugnet werden. Politisch gesehen lassen sich nicht viele Gründe finden, die dafür sprechen, die Geschichte der Vertriebenen ins kollektive Gedächtnis zurückzuholen. Auf ihre Präsenz zu pochen war so lange in revisionistische und konservative Projekte eingebunden, dass sie sich aus dieser Verwobenheit nicht mehr befreien lässt. Nach allem, was man über kollektive Traumata und ihre Vererbung weiß, kann das Auslassen und Vergessenmachen aber auch nicht das Wahre sein.

Nostalgie ist nicht per se regressiv und ortsgebunden, sie kann auch, wie Barbara Cassin schreibt, »listenreich und polytrop« sein. Sie kann Zukunft gestalten und muss nicht in der Vergangenheit und auch nicht an einem Ort haften bleiben. Sie kann, wie bei Siegfried Lenz, mit dem Niederbrennen des Heimatmuseums beginnen. Aber immer droht die Reproduktion der Grenzen des Sagbaren. Denn um Feuer legen zu können, muss man das Heimatmuseum erst ausfindig machen und sich mit ihm konfrontieren. »Sie haben Deutschland etwas verkleinert«, heißt es in einem anderen Kinderbuch zum Mauerfall über die Alliierten, »und in vier Zonen geteilt. Hier im Osten war die sowjetische Besatzungszone, kurz SBZ, und daraus wurde dann die DDR.«[13] Über die Vertreibung kein Wort. Ausfindigmachen und Konfrontieren werden so tendenziell verhindert. Der nostalgische Listenreichtum kann sich aber nur entfalten, wenn die Genese der Nostalgie nachvollziehbar gemacht wird.

12 Vgl. Gabriella Paolucci, *Introduction. Heirs: Bourdieu, Marx and Ourselves*. In: Dies. (Hrsg.), *Bourdieu and Marx. Practices of Critique*. London: Palgrave Macmillan 2022.

13 Juliane Breinl, *Mein Mauerfall. Von der Teilung Deutschlands bis heute*. München: ars Edition 2019.

Aurora oder Ich war da

Von Susanne Neuffer

Ich gebe zu, dass ich die Thematik im Prinzip schon längst abgearbeitet hatte: den Weltraum, den Mars, die Möglichkeit, in etwas hineingezogen zu werden, das verlockende und bedrohliche Blinzeln und Zwinkern einer anderen Art von Intelligenz. Zwei oder drei Kurzgeschichten, ein paar Gedichte.

Aber ich bin dem Thema nun mal verfallen, und so betrete ich am Morgen das Visitors' Space Center eines friedfertigen Landes an der Peripherie Europas. Sie sollen mich teilhaben lassen an den Projekten und Plänen, die im Schutz der Felsen ausgeheckt und vom Gipfel des höchsten Berges aus umgesetzt werden.

Der Parkplatz ist voll, obwohl Touristen in dieser Jahreszeit kaum noch aufzufinden sind. Hier, wo man sich nur in den kalten Wind legen oder sich von ihm umwerfen lassen kann. Nur ein paar Verwegene fortgeschrittenen Alters steuern ihre riesigen Wagen durch diesen kleinstädtischen Außenposten und jammern dann im Leuchtturmcafé über das Wetter.

Wer also bevölkert das Raumfahrtzentrum?

Die Eingangshalle ist leer, freundliche Hostessen schließen meinen Rucksack und meine Jacke ein und behalten »für alle Fälle« meinen Ausweis und mein Handy. Sie haben mich gefragt, ob ich das ganze Programm wolle, auch für den Fall, dass ich die einzige Teilnehmerin sei. Natürlich will ich, ich will doch immer alles für mich alleine haben.

In der Nacht war Sturm gewesen, aus dem oberen Apartment hörte ich Geräusche, Jäger waren in der Nacht zurückgekommen, es hatte mächtig gerumpelt, dann war es still geworden, schließlich hatte es von der Decke getropft. Jedenfalls hörte es sich so an. Ich konnte die Stücke des Elchs vor mir sehen, von denen das Blut abfloss und an den weißgestrichenen Wänden des Apartments herunterrann (sobald ich die Augen öffnen würde). Vor dem Haus lagen riesige Walfischknochen, ochsenkarrengroße Wirbel. Man hatte mich beruhigt: Nein, wir sind keine Walfänger mehr, der wurde angeschwemmt. Am Morgen hatten sich die Kinder der Vermieter in pinkfarbenen und apfelgrünen Anoraks durch den Wind zum Schulbus gekämpft, lachend und schreiend wie die Seevögel.

Im Visitors' Center muss ich erst ein paar Tafeln lesen und Fotos von Forschungsraketen anschauen. Eine junge Frau, die sich als mein persönlicher Commander vorstellt, lässt mich in einen Raumanzug steigen und schließt ihn sorgfältig. Durch die Flure laufen dunkel und seriös, zum Teil mit militärischer Eleganz gekleidete Männer und Frauen. Plötzlich sind es so viele, dass die Menge der Wagen auf dem Parkplatz plausibel erscheint. Ich habe den Eindruck, dass sie mich verlegen ansehen, als wollten sie mich vor einer Erkenntnis bewahren.

Ein merkwürdiges Geraune hängt im Raum. Die besondere Erfahrung werde gleich beginnen, sagt man mir, platziert mich in einem tiefen Ledersessel und drückt mir einen Becher Tee in die Hand, der tatsächlich nach einer besonderen Erfahrung schmeckt, etwa wie geriebenes Hanfseil mit Vanille. Türen, die ich zuerst gar nicht wahrgenommen habe, öffnen und schließen sich, ein Mann in einer diskreten dunkelblauen Uniform bittet mich, ihm zu folgen, fragt mich, ob ich mich gut fühle. Was soll das werden? Ich habe schon öfter in Vergnügungsparks in Pseudoraketen gesessen, die ein bisschen gewackelt haben.

Als wir uns auf die letzte Tür zubewegen, ruft eine Frau mit einem eindrucksvollen Reinigungswagen etwas von der Galerie im ersten Stock der Halle, es klingt aufmunternd und ein bisschen ironisch. Ich verstehe sie nicht. Der Mann winkt ab, wir gehen einen langen tunnelartigen Gang entlang. Mir fällt ein, dass ich gar kein Ticket gekauft habe. Wir betreten das Space Ship, der Eingang hat grüne Leuchtstreifen, die sich nur einen Augenblick lang auseinander bewegen. Das kenne ich, möchte ich sagen. Mein Begleiter bittet mich, das Training ernst zu nehmen, gibt mir ein paar schnelle Anweisungen. Da ist die Brücke, auch sie kenne ich aus zahllosen Filmen, da ist der Platz des Commanders, daneben der des Piloten, und da ist auch mein Platz. Es sind nur ein paar Knöpfe und Hebel, die ich zu bedienen habe. Ich gebe mir große Mühe beim Probedurchlauf. Hoffentlich genügt mein Englisch. Ich will alles richtig machen. Ich will klug und mutig sein wie Jodie Foster in *Contact*.

Der innere Druck lässt nach, als wir starten. Ich denke *wir*, weil ich davon ausgehe, dass die Plätze neben mir vielleicht doch besetzt sind, kann das aber nicht sehen, mein Helm und der Sessel verwehren mir den Blick zur Seite. Mein Anleiter ist verschwunden, es kommen schnelle Kommandos aus dem Headset und vom Display, ich gebe mein Bestes, um meine Rolle beim Start korrekt zu spielen, fühle mich verantwortlich, als das Schiff etwas unruhig zur Seite kippt, es lässt sich jedoch stabilisieren.

Der Start ist weniger gewaltsam, als ich erwartet habe, und das Gefühl, das nun entsteht, würde mich überwältigen, hätte ich nicht alle Hände voll zu tun: Es ist wie ein Nachhausekommen, und ich dachte, es wäre anders herum, das Gefühl würde sich erst auf der Rückreise einstellen, wenn der blaue Glanz des Heimatplaneten sichtbar wird. Es ist gut, wie es ist, ich bin ohne Angst, nur einen Augenblick streift mich der Verdacht, ein Versuchsobjekt zu sein, ein Vorbote. Vielleicht hat man mich verwechselt, und ich bin eine von den Normalos, die man ohne besonderes Training losschickt, sozusagen unter realen Bedingungen? Oder woher sollen später die Köche und die Gärtner und die Physiotherapeuten kommen? Da gab es vor dem Start diesen langen Gang, in dem sich die Zeit zu dehnen und wieder zusammenzuziehen schien. Was erwarten alle die Militärs und Forschenden, die mir nachgesehen haben, als ich durch die letzte Tür ging?

Vielleicht wollte die Reinigungsfrau vorhin darauf aufmerksam machen, dass etwas nicht stimmt. Es stört mich nicht. Der Weltraum ist so, wie man ihn aus dem Kino kennt, das All! Und das ist auch das richtige Wort: das All! Ich bin im All geborgen, weil ich da zuhause bin, sage ich mir. Es passiert wenig, es ist nicht so wie in den Filmen, wo einem ständig etwas gegen die Scheibe knallt. Und so schaffe ich nach einer Reise, die mir seltsam zeitlos vorkommt, die Landung im vorgesehenen Sektor einigermaßen gut und setze das Shuttle ohne Ruckeln auf.

Die Oberfläche ist ockerfarben, nicht rot. Ich möchte für meine saubere Landung gelobt werden, aber angesichts dieser gigantischen Entfernung ist das nicht zu erwarten. Sollen sie da unten sitzen in ihren dunkelblauen Uniformen und auf meine Signale warten. Die Welt um mich ist fluid, entgrenzt, schwindelerregend, von dramatischer Schönheit, obwohl sie nur aus Sand, Löchern und fernen kahlen Hügeln besteht. Gewissenhaft sammelt mein Greifarm ein paar Trümmer der letzten Mission ein, die der kleine Roboter verschusselt hat, dann ziehe ich mich vor dem aufziehenden Sandsturm in das Shuttle zurück und schaffe es gerade so in mein Schiff, auf meinen Platz. An meinen schweren Schuhen klebt Sand.

Die Sessel neben mir sind leer. Ich weiß, dass ich zurück sollte zur Erde, aber ich habe vergessen, wie das geht. Mein persönlicher Commander hatte gesagt, ich müsse nur eine der Türen öffnen, und wenn das nicht möglich sei, einfach vorwärts oder rückwärts gehen. Was für ein biederer Erdlingsrat, platte, unangemessene Alltagspsychologie. Ich sehe keine Tür. Und wenn, würde ich sie nicht öffnen. Dahinter könnte ein Raum sein, für den meine Ausrüstung nicht ausreicht.

Sie werden mich ohnehin zurückholen, ob ich will oder nicht, ich werde am Ende besoffen von so viel Schönheit aus der Kapsel steigen und fragen, was da im Tee war. Und ich werde unauffällig nachschauen, ob da immer noch Sand an den Schuhen ist.

Aber bitte, werde ich sagen, keine Interviews.

Solange ich mit dem Heimweh kämpfe.

ERRATUM

Im Beitrag *Anatomie der Gewalt* von Avner Ofrath (*Merkur*, Nr. 900, Mai 2024) sind ohne Zutun des Autors zwei Fehler auf S. 9 entstanden: Es handelt sich um den zerstörten Ort Yibna (und nicht: Javne) und um die zerstörte Stadt Madschdal (und nicht: Madschdal Schams). Wir bitten, beide Fehler zu entschuldigen.

Demnächst:

Heinrich Bosse
Aufklärung und Kapitalismus (III)

Gunnar Hindrichs
Philosophiekolumne

Martin Sabrow
Die deutsch-deutsche Verfassungskonkurrenz vor 75 Jahren